簿記入門
― 決算書を読むための基礎知識 ―

公認会計士 坪谷 敏郎 著

経済法令研究会

はしがき

　私は30年以上にわたって企業の財務研修に携わってきました。研修先は、銀行、証券会社、生命保険会社、ベンチャーキャピタルなど金融機関を中心として、おそらく200社近くになると思います。これらの会社では、当然のことながら、業務を遂行する上で財務知識が必要不可欠なので、財務研修に力を注いでいるわけです。

　財務研修では、最終的に財務諸表の分析手法を学びます。財務諸表を分析することによって、企業の収益性（儲ける力）や安全性（資金の調達と運用のバランス）などを把握できるようになることが目標です。もちろん、財務知識があまりない新入社員に最初から財務諸表分析を行ってもらうことは不可能ですから、それ以前の「基礎知識」を理解してもらって財務諸表分析の研修を行うことが一般的です。ここにおける「基礎知識」は、「簿記」と「財務会計」に区分されます。簿記は、財務諸表を作成するテクニック、財務会計は財務諸表の理論的背景と表現できます。

　このうち簿記については、金融機関の新入社員を含めて、最初の段階で理解している人はそんなに多くはありません。商業高校のような実務を学ぶことを主眼にしている学校では簿記2級レベルになっていないと卒業させてもらえないので、卒業生に簿記知識がない人はあまりいないと考えてよいのですが、残念ながら、大学で「簿記論」や「財務諸表論」を学んだ人であっても、仕訳を作成できる人はごくわずかです。これは、わが国の教育制度上も問題だと思うのですが、現実問題として、たとえば金融機関に入り、お客様の財務に関する相談相手になる人にとって、簿記の知識を身につけることは喫緊の課題です。ただし、簿記の理論そのものは難しいものではなく、独学で十分身につけることができ

ます。ちまたには簿記関連の本があふれていますから、それらを読むことによって簿記をマスターできる人は少なくないでしょう。ただし、私の経験から、最初に簿記を学ぶときには、「借方」、「貸方」、「掛け売り」などのように、普段使い慣れない言葉が次から次に登場するため、テキストで説明している内容が具体的に何を指すのかわからないことが多いのも事実です。「簿記は習うより慣れろ」とか「四の五の言う前に問題をやってみろ」というのもわかるのですが、それにしたって、もう少し親切に前提を説明して、環境を把握できてから簿記に入ったっていいじゃないか……と思う人も多いでしょう。

　本書は、簿記を独学する人のために作成しました。しかも、簿記で登場する独特の用語にもできる限り説明を施したつもりですから、「何を言っているのかちんぷんかんぷん」の部分はないはずです。お恥ずかしい話ですが、私が最初に受けた簿記の試験結果は「０点」でした。そのときには問題の「答」がわからなかったのではなくて、何を尋ねられているのかがわからなかったのです。そのときから、もう少し素人にも分かりやすい簿記のテキストはないものかと思っておりました。本書では、私の長年のその思いを実現したつもりです。その意味では、新入社員や内定者のための事前学習教材としてぴったりだと自負しております。本書を財務研修の入門編としてお役立ていただければ幸いです。

　なお、本書は、以前出版した『決算書を読むための仕訳速解術』を改訂したものです。最後になりましたが、本書を制作するにあたって経法ビジネス出版の下司惠久氏には大変お世話になりました。御礼申し上げます。

平成20年９月　　　坪谷　敏郎

～簿記入門～ Contents

第1章 まずは財務諸表の構造と関連を理解しよう 1

- **STEP1** 貸借対照表とは何か 8
- **STEP2** 損益計算書とは何か 15
- **STEP3** 貸借対照表と損益計算書の関連 21
- ◎練習問題 28

第2章 簿記を理解するための基礎知識を習得しよう 31

- **STEP1** 簿記一巡の手続 32
- **STEP2** 仕訳の原理 41
- ◎練習問題 48

第3章 さあ財務諸表を作ってみよう（PART I） 49

- **STEP1** 仕訳から直接財務諸表を作成する 50
- **STEP2** 簿記一巡の手続に従って作成する 55
- ◎練習問題 65

～簿記入門～ Contents

▶ **第4章 さあ財務諸表を作ってみよう（PART Ⅱ）** *67*

- STEP1 現金預金 ……………………………… *68*
- STEP2 商品売買 ……………………………… *75*
- STEP3 売掛金と買掛金 ……………………… *85*
- STEP4 受取手形と支払手形 ………………… *90*
- STEP5 その他の債権・債務 ………………… *101*
- STEP6 有価証券 ……………………………… *105*
- STEP7 固定資産 ……………………………… *110*
- STEP8 財務諸表の作成 ……………………… *113*
- ◎練習問題 …………………………………… *137*

▶ **第5章 決算整理仕訳を理解しよう** *141*

- STEP1 売上原価の算定 ……………………… *142*
- STEP2 有価証券の評価替え ………………… *152*

~簿記入門~
Contents

STEP3 減価償却費の計算 — *156*

STEP4 貸倒引当金の設定 — *166*

STEP5 費用・収益の見越し・繰延べ — *171*

STEP6 財務諸表の作成 — *179*

◎練習問題 — *185*

●総合問題 — *186*

〈練習問題解答〉 — *188*

〈総合問題解答〉 — *194*

第 1 章
まずは財務諸表の構造と関連を理解しよう

STEP 1 **貸借対照表とは何か**
STEP 2 **損益計算書とは何か**
STEP 3 **貸借対照表と損益計算書の関連**

Keypoint

☆　貸借対照表にはお金の出どころと使いみちが書かれている
☆　損益計算書には利益の発生源泉が書かれている
☆　貸借対照表でも損益計算書でも利益は計算できる

財務諸表（見本）

A社

貸借対照表
令和×2年3月31日現在

(単位：円)

資産の部		負債の部	
科　目	金　額	科　目	金　額
【流動資産】	【　411,740,069】	【流動負債】	【　176,453,084】
現　金　預　金	27,281,879	支　払　手　形	98,310,237
受　取　手　形	75,795,080	買　　掛　　金	29,680,671
売　　掛　　金	43,173,229	短　期　借　入　金	5,000,000
有　価　証　券	499,750	未　　払　　金	33,787,315
製　　　　　品	52,765,080	未　払　費　用	5,549,161
原　　材　　料	58,514,735	未払法人税等	200,000
仕　　掛　　品	151,609,685	未　払　消　費　税	3,925,700
見　　本　　品	278,000	【固定負債】	【　275,672,457】
立　　替　　金	737,275	長　期　借　入　金	225,672,457
未　収　入　金	2,244,856	社　　　　　債	50,000,000
貸　倒　引　当　金	△1,159,500	負債合計	452,125,541
【固定資産】	【　288,065,136】		
（有形固定資産）	（　214,168,638）		
建　　　　　物	80,257,078		
構　　築　　物	1,182,090		
機　械　装　置	97,719,787		
車　両　運　搬　具	10,540,718		
工　具　器　具　備　品	13,468,965		
土　　　　　地	11,000,000		
（無形固定資産）	（　3,093,835）		
電　話　加　入　権	273,384		
ソフトウェア	2,820,451	純資産の部	
（投資その他の資産）	（　70,802,663）	【株　主　資　本】	【　247,679,664】
投　資　有　価　証　券	2,130,000	（資　本　金）	（　50,000,000）
出　　資　　金	106,000	資　　本　　金	50,000,000
保　険　積　立　金	3,046,976	（利益剰余金）	（　197,679,664）
長　期　貸　付　金	53,687,967	利　益　準　備　金	1,000,000
長　期　前　払　費　用	1,831,720	繰越利益剰余金	196,179,664
子　会　社　株　式	10,000,000	純資産合計	252,679,664
資産合計	699,805,205	負債・純資産合計	699,805,205

第1章　まずは財務諸表の構造と関連を理解しよう

A社

損益計算書
自令和×1年4月1日　至令和×2年3月31日

(単位：円)

科　　目	金　　額	
【売上高】		753,352,462
【売上原価】		
期 首 製 品 棚 卸 高	62,172,810	
当 期 製 品 製 造 原 価	698,381,325	
合計	760,554,135	
期 末 製 品 棚 卸 高	52,765,080	707,789,055
売 上 総 利 益		45,563,407
【販売費及び一般管理費】		
役 　員　 報 　酬	21,600,000	
法 　定 　福 　利 　費	1,984,051	
広 　告 　宣 　伝 　費	144,000	
賃 　　借　 　料	1,165,800	
事 務 用 消 耗 品 費	1,876,468	
旅 　費 　交 　通 　費	2,796,095	
支 　払 　手 　数 　料	4,612,572	
租 　税 　公 　課	261,200	
減 　価 　償 　却 　費	1,012,036	
交 　際 　接 　待 　費	3,307,148	
保 　険 　　料	913,803	
通 　信 　　費	1,496,826	
諸 　会 　　費	287,500	
資 　料 　研 　修 　費	737,274	
会 　議 　　費	867,599	
リ 　　ー 　　ス 　料	940,800	
車 　両 　　費	4,273,537	
雑 　　　　費	298,661	48,575,370
営 業 利 益		△3,011,963
【営業外収益】		
受 　取 　利 　息	886,787	
貸 倒 引 当 金 戻 入 額	199,500	
投 資 有 価 証 券 売 却 益	1,463,000	
雑 　　収 　　入	2,192,573	4,741,860
【営業外費用】		
支 　払 　利 　息	5,294,374	
手 　形 　売 　却 　損	2,575,922	
雑 　　損 　　失	17,325	7,887,621
経 常 利 益		△6,157,724
【特別利益】		
前 期 損 益 修 正 益	8,594,979	
債 　務 　免 　除 　益	10,332,569	18,927,548
【特別損失】		
固 定 資 産 売 却 損	197,833	
固 定 資 産 除 却 損	254,650	452,483
税引前当期純利益		12,317,341
法 　人 　税 　等		200,000
当 期 純 利 益		12,117,341

第1章

財務諸表（見本）

3

A社

製造原価報告書
自令和×1年4月1日　至令和×2年3月31日

(単位：円)

科　目	金　額	
【材料費】		
期首材料棚卸高	64,733,863	
材料仕入高	219,523,412	
副資材仕入高	24,189,603	
合計	308,446,878	
期末材料棚卸高	58,514,735	249,932,143
【労務費】		
賃金給料	174,217,859	
雑給	10,685,561	
賞与手当	7,820,000	
法定福利費	22,392,234	
福利厚生費	1,746,328	
退職年金掛金	3,116,348	
退職金	117,600	220,095,930
【外注加工費】		156,521,731
【製造経費】		
水道光熱費	10,313,813	
荷造運賃	9,483,851	
工場消耗品費	11,479,888	
通勤費	4,939,799	
減価償却費	41,294,212	
修繕費	3,898,283	
賃借料	4,080,000	
租税公課	4,884,500	
保険料	651,880	
見本費	1,750,375	
工場雑費	348,300	93,124,901
当期総製造費用		719,674,705
期首仕掛品棚卸高		130,316,305
合計		849,991,010
期末仕掛品棚卸高		151,609,685
当期製品製造原価		698,381,325

第1章　まずは財務諸表の構造と関連を理解しよう

A社

株主資本等変動計算書
自令和×1年4月1日　至令和×2年3月31日

(単位：円)

	株主資本					純資産の部
	資本金	利益剰余金			株主資本	
		利益準備金	その他利益剰余金	利益剰余金合計		
			繰越利益剰余金			
前期末残高	50,000,000	1,000,000	189,562,323	190,562,323	240,562,323	240,562,323
当期変動額						
剰余金の配当		500,000	△5,500,000	△5,000,000	△5,000,000	△5,000,000
当期純利益			12,117,341	12,117,341	12,117,341	12,117,341
当期変動額合計		500,000	6,617,341	7,117,341	7,117,341	7,117,341
当期末残高	50,000,000	1,500,000	196,179,664	197,679,664	247,679,664	247,679,664

(注)
1　当事業年度末日における発行済株式の数　1,000株
2　当事業年度末日における自己株式の数　　　0株
3　配当に関する事項
　(1)　配当金支払額
　　　令和×1年5月27日開催の定時株主総会において、次のとおり決議された。
　　① 株式の種類　　　　普通株式
　　② 配当金の総額　　　5,000,000円
　　③ 配当の原資　　　　利益剰余金
　　④ 1株当たり配当額　5,000円
　　⑤ 基準日　　　　　　令和×1年3月31日
　　⑥ 効力発生日　　　　令和×1年7月1日
　(2)　基準日が当期に属する配当のうち、配当の効力発生日が翌期となるもの
　　　令和×2年5月28日開催の定時株主総会の議案として、次の提案を行っている。
　　① 株式の種類　　　　普通株式
　　② 配当金の総額　　　2,500,000円
　　③ 配当の原資　　　　利益剰余金
　　④ 1株当たり配当額　2,500円
　　⑤ 基準日　　　　　　令和×2年3月31日
　　⑥ 効力発生日　　　　令和×2年7月1日
　　　令和×2年5月28日開催の定時株主総会において、上記の議案は承認可決された（令和×2年5月29日加筆）。

第1章

財務諸表（見本）

個別注記表
A社

1 この計算書類は、中小企業の会計に関する基本要領によって作成しています。

2 重要な会計方針の注記
 (1) 資産の評価基準および評価方法
  (a) 有価証券の評価基準および評価方法
   ① 時価のあるもの
    期末日の市場価格等に基づく時価法（評価差額は全部純資産直入法によって処理し、売却原価は移動平均法により算定しています。）
   ② 時価のないもの
    移動平均法による原価法
  (b) 棚卸資産の評価基準および評価方法
    総平均法による原価法　ただし、原材料は最終仕入原価法
 (2) 固定資産の減価償却の方法
  有形固定資産（建物を除く）
    平成19年3月31日以前取得資産　法人税法の規定による旧定率法
    平成19年4月1日以後取得資産　法人税法の規定による定率法
  有形固定資産（建物）
    平成10年3月31日以前取得資産　法人税法の規定による旧定率法
    平成10年4月1日以後取得資産　法人税法の規定による旧定額法
  無形固定資産　　　　　　　　　　法人税法の規定による定額法
 (3) 貸倒引当金の計上基準
  債権の貸倒れによる損失に備えるため、一般債権については法定繰入率により、貸倒懸念債権等特定の債権については個別に回収可能性を勘案し、回収不能見込額を計上しています。なお、当期末においては、貸倒懸念債権等はありません。
 (4) その他計算書類の作成のための基本となる重要事項
  (a) リース取引の処理方法
    リース物件の所有権が借主に移転すると認められるもの以外のファイナンス・リース取引(所有権移転外ファイナンス・リース)については、通常の賃貸借取引に係る方法に準じた会計処理によっております。
  (b) 消費税等の会計処理
    消費税および地方消費税の会計処理は、税抜方式によっております。

3 その他の注記
  受取手形割引高　　　　　　　　　46,680,681円
  有形固定資産減価償却累計額　　　576,716,476円

A社

キャッシュ・フロー計算書
自令和×1年4月1日 至令和×2年3月31日

(単位：千円)

科　目	金　額
1　営業活動によるキャッシュ・フロー	
税金等調整前当期純利益	12,317
減価償却費	42,306
貸倒引当金の増減額	△　200
受取利息・配当金	△　887
支払利息・手形売却損	7,870
投資有価証券売却益	△1,463
前期損益修正益	△8,595
債務免除益	△10,333
固定資産売却損	198
固定資産除却損	255
売上債権の増減額	21,700
棚卸資産の増減額	△5,667
仕入債務の増減額	△29,083
その他	2,865
小計	31,284
利息及び配当金の受取額	887
利息・割引料の支払額	△7,870
法人税等の支払額	△　188
営業活動によるキャッシュ・フロー	24,113
2　投資活動によるキャッシュ・フロー	
有形固定資産の取得による支出	△11,582
有形固定資産の売却による収入	52
無形固定資産の取得による支出	0
無形固定資産の売却による収入	0
投資有価証券の取得による支出	0
投資有価証券の売却による収入	3,401
貸付金の貸付による支出	0
貸付金の回収による収入	2,766
その他	△　538
投資活動によるキャッシュ・フロー	△5,901
3　財務活動によるキャッシュ・フロー	
短期借入金の増減額	0
割引手形の増減額	△51,642
長期借入による収入	0
長期借入金の返済による支出	△36,701
社債の発行による収入	50,000
社債の償還による支出	0
配当金の支払による支出	△5,000
その他	
財務活動によるキャッシュ・フロー	△43,342
4　現金及び現金同等物に係る換算差額	0
5　現金及び現金同等物の増減額	△25,131
6　現金及び現金同等物の期首残高	52,912
7　現金及び現金同等物の期末残高	27,782

財務諸表(見本)

STEP 1 貸借対照表とは何か

1 会社からどんな情報がほしいか

　最初に質問です。みなさんの友人が会社を始めることになり、みなさんのところに100万円の出資をしてくれないかと依頼してきました。みなさんは大切な友人のたっての願いですから、思い切って100万円を出資しました。さて、みなさんは友人の会社に出資した後、その会社からどのような情報がほしいですか？

　「友人に出資したのだからくれてやったも同然。情報なんか何もいらない」という人は、ぜひ私の友人になってください。でも、お金は命の次に大切なもので、それを出資したからには何か情報がほしいと思うのが普通です。たとえば、次のような情報がほしいという人は多いはずです。

> ① 会社に利益は出ているか
> ② 自分のお金はどのように使われているか
> ③ 自分以外にどのようなところからお金を集めたのか

　もちろん、これら以外にも知りたい情報はたくさんあります。「経営者の経営方針は？」、「会社の技術力はどの程度か？」、「会社にはどのよ

うな人材がいるか？」などさまざまなことが考えられるでしょう。しかし、みなさんが友人の会社に出資したということは、何か「目的」があったはずです。

「友人に協力するため」という人も中にはいるでしょうが、やはり出資をする以上は、それなりの「見返り」を期待していないといったらうそになってしまいます。この「期待」というのは、簡単にいえば、100万円の出資が将来200万円になって戻ってこないかな～という期待です。このような期待を持つことは決しておかしなことではありません。資本主義の世界にいる以上、しごく当然なことです。このような期待を前提にすると、先ほどの①～③の情報は非常に重要なものになってきます。

また、友人の会社に出資をするのではなく、お金を貸し付けた場合も、やはり①～③の情報は大切になりますよね。このように、会社にお金を出資したり、貸し付けて、その会社からの「見返り」を期待している人たち（このように企業の状況に関心を持っている人たちを「利害関係者」といいます）は、会社から発信される①～③のような情報を首を長くして待っているのです。

そして、これらの情報を示しているのが「財務諸表」なのです。

② お金の出どころと使いみち

それでは、①～③の情報はどのようにして利害関係者に伝えられるのでしょうか？

まず、②・③のほうから説明しましょう。

たとえば、ある人が八百屋を始めるために資本金300万円の株式会社を作りました。この資本金300万円のうち200万円は自分が出資しましたが、残りの100万円は友人に頼み込んで出してもらいました。そして、集めたお金300万円のうちの200万円で八百屋の店舗（建物）を建設し、

残りの100万円でダイコンやニンジンなど店先に並べる商品を仕入れました。さて、このときに利害関係者に報告する資料はどのようになるでしょうか？

②・③は「お金をどこから集めてきて、それをどのように使っているか」ということに関する資料ですから、たとえば【図表１－１】のように示せばわかりますよね。

【図表１－１】お金の出どころと使いみち

使いみち	出どころ
商　　品　　100万円 建　　物　　200万円	株　　主　　300万円

この表は「会社は株主のみなさんから300万円集めてきて、それを商品に100万円、建物に200万円使っています」という情報を表しています。このように、お金の使いみちと出どころを左右に示した表を「**貸借対照表**」といいます。

「貸借」というのは、一見お金の貸し借りと関係がありそうですが、まったく関係なく、簿記の用語で左側のことを借方（かりかた）、右側のことを貸方（かしかた）と呼ぶことからその名前が付いただけです。それなら最初から「左右対照表」といえば良さそうなものですが、そこをもったいぶって貸借対照表といっているのです。

３ 貸借対照表の分類

先ほどの八百屋が、野菜を配達するためのトラックを購入することになりました。そのトラックの購入代は100万円です。しかし、株主から集めた300万円は建物と商品の購入に使ってしまいました。それではトラックの購入代はどのようにしたらよいでしょうか？　そこで、近所の

銀行に相談したら、建物を担保にしてトラック購入代を貸してくれることになり、おかげで無事トラックを購入することができました。さて、この段階で貸借対照表はどのように変化したでしょうか？

【図表１−２】貸借対照表（その１）

使いみち			出どころ		
商　　品	100万円		銀　　行	100万円	
建　　物	200万円		株　　主	300万円	
トラック	100万円				

　さて、ここで注目してもらいたいのは、同じお金の出どころ、使いみちといってもその種類がさまざまであるという点です。

④ 負債と純資産

　最初にお金の出どころについて見てみると、銀行から借り入れたお金も株主から出してもらったお金も、実際には区別はできません。しかし、この２通りのお金の集め方は、その性格がまったく異なります。

　まず、銀行から借りてきたお金は、必ずいつかは返さなければなりません。これに対して、株主から出資してもらったお金は、会社を清算するまで返す必要のない「もらいっぱなし」のお金です。また、銀行からの借入金には利息が付きますが、株主からの出資金には利息が付きません。もちろん、利息の代わりに配当金を支払わなければなりませんが、これは利益が出たら支払えばよいもので、赤字になっても支払わなければならない利息とは性格が異なります。

　このように考えると、同じお金の集め方であっても、銀行などから借り入れたお金と、株主から出してもらったお金はまったくその性格が異なりますから、報告するときには両者を区別する必要があります。

銀行などの債権者から出してもらったお金は「**負債**」といいます。ようするに「後で返さなければならないお金」という意味です。一方、株主から出してもらったお金のように、株主に帰属するお金を「**純資産**」といいます。これは、会社側から言えば、「(会社を続けている限り) 返さなくともよいお金」ということになります。

【図表1－3】負債と純資産

> 負　債＝後で返さなければならないお金
> 純資産＝返す必要のないお金

　企業が資金を集めるときに、負債で集めたほうがよいか、純資産で集めたほうがよいか考える場合には、安全性の観点（危険が少ないのはどっちかという観点）から見れば、返さなくともよい純資産で資金を集めたほうが安全ということになります。

5 資産の意味

　また、お金の使いみちのほうもさまざまなものがあります。こちらの方は「**資産**」といいます。先ほどの八百屋が購入した商品、建物、トラックは、ともにお金を使って手に入れたものです。

　さて、ここで企業はなぜお金を使うのかを考えてみましょう。企業がお金を使うのは慈善事業のためではありません。それによって、より多くのお金を回収するためです。つまり、企業はより多くの資金を回収するために資金を投資しているのです。企業の資金の流れを図示すると、【図表1－4】のようになります。

　このように考えると、資産とは、「いつかお金を回収できるもの」ということができます。

【図表1-4】資金循環過程

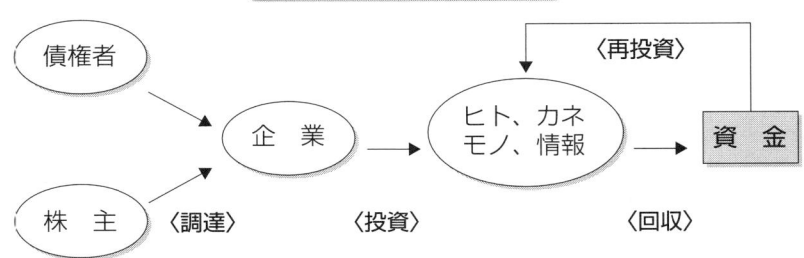

資産＝いつか資金を回収できるもの

　先ほどの例では、八百屋は集めてきたお金をすべて使いましたから、お金の使いみちとお金の出どころの金額は一致しましたが、たとえば、集めてきたお金の一部を使わなかったらどうなるでしょうか？　この場合には、手許に未使用の現金があることになります。しかし、この現金も将来は使いますから、お金の使いみちである資産の仲間に入れて考えれば、貸借対照表では常に次の関係が成り立ちます。

資産＝負債＋純資産

　これは「貸借対照表等式」ともいわれています。ようするに貸借対照表では、企業が集めてきたお金の出どころと使いみちの状況（これを「財政状態」といいます）を示しており、集めてきているお金の合計額と使っているお金の合計額は必ず一致するというわけです。
　今回学んだ分類基準に従って貸借対照表を示すと、【図表1－5】になります。

【図表1-5】貸借対照表(その2)

資　　産			負　　債		
商　　品		100万円	借　入　金		100万円
建　　物		200万円	純　資　産		
車両運搬具		100万円	資　本　金		300万円
合　　　計		400万円	合　　　計		400万円

(注1)　トラックは一般的に「車両運搬具」と表示されます。
(注2)　銀行等から借り入れた資金は「借入金」(かりいれきん)と表示されます。
(注3)　出資者(株主)が出資した資金は「資本金」と表示されます。

STEP 2 損益計算書とは何か

1 「儲け」とは何か

　STEP 1で、みなさんが友人の会社にお金を投資したら、その会社からどのような情報がほしいかという質問をしました。その中で「どこからお金を集めてきてそれをどのように使っているか」という情報を記載した表が貸借対照表であるというお話しをしました。

　しかし、みなさんは大切なお金を投資したのですから、お金の出どころと使いみち以外にも知りたい情報はたくさんあるはずです。特に「友人の会社がどのくらい儲かっているか」ということは一番知りたい情報のひとつではないでしょうか。会社が儲かれば、株主であるみなさんへの「分け前」が大きくなるはずですから、みなさんにしても投資した甲斐があったことになります。

　ところで、ここでまた質問ですが、会社が儲かると会社の何がどのように変化するのでしょうか？　質問を変えれば、会社がどのような状態になったら儲かったことになるのでしょうか？

　これは、真剣に考えるとけっこう難しい質問です。たとえば「会社にある現金が増えたら儲かったことになる」と考えた人もいると思いますが、それならば銀行へ行って借金をしてくれば、会社の現金も増えますから儲かったかというと、そうではありません。「売上が増えれば儲かる」という人もいるでしょう。しかし、100円で仕入れてきた商品を80

円で売れば、格安の値段ですから、お客様は大喜びで買い求め、売上高は大きく伸びるでしょうが、結局は売れば売るほど損をしてしまいます。

このように、儲けあるいは利益をきちんと解説しようとすると、なかなか難しいのですが、このような問題はむしろ「シロート考え」で説明したほうが正確なのです。

たとえば、みなさんが競馬に行ったとしましょう。久しぶりの大レースですから、みなさんの懐には10万円の大金が入っています。そして、競馬場を出るときのみなさんの財布の中身は15万円に増えていました。さあ、みなさんはいくら儲かったでしょうか？　これならば、5万円儲かったことはすぐわかりますね。逆に競馬場を出るときのみなさんの財布の中身が3万円しかなければ、みなさんは7万円損をしたということになります。つまり、みなさんは競馬をするにあたって、最初「元手10万円」で始めたのですが、これが増えたら利益、減ったら損というわけです。このように元手の増減額によって利益計算を行うのは企業でもまったく同じです。

② 「元手」とは何か

それでは、企業にとっても「元手」とはいったい何でしょうか？　それは「企業はいったい誰のものか？」を考えてみればよいでしょう。みなさんはどう思いますか？　「社長のもの」、「従業員のもの」、「お客様のもの」等いろいろ考えられると思いますが、企業に残った財産が最終的に誰のものになるのかという観点から考えてみると、企業は株主（出資者）のものということができるでしょう。

そうすると、企業にとっての元手とは、株主が企業に出資したお金、すなわち「資本金」ということになります。つまり、資本金が増えたら利益、減ったら損と考えればよいのです。たとえば、資本金100万円で

スタートした八百屋が1年間がんばったおかげで資本金が120万円になったのであれば、この八百屋の利益は20万円（＝120万円－100万円）と計算されます。

　　（注）　この場合、後述する利益処分や増資（株主から追加出資してもらうこと）は行われていないものとします。

③ 利益は貸借対照表でもわかる

　資本金の増加額が利益だとしたら、利益の金額は貸借対照表でも把握することができます。

　たとえば、先ほどの八百屋の貸借対照表を考えてみると、次のようになります。

【図表 1 - 6】利益は貸借対照表でもわかる

期首貸借対照表			期末貸借対照表		
	万円	万円		万円	万円
現　金	500	借入金　400	現　金	470	借入金　350
		資本金　100			資本金　120
計	500	計　　　500	計	470	計　　　470

　このケースでは、1年間で資本金が20万円増加していますので、利益も20万円出ていることがわかります。これを計算式で表すと、次のようになります。

> **利益＝期末資本金－期首資本金**

　しかし、ここでもう少し考えてもらわなければなりません。たとえば、先ほどの八百屋にみなさんが出資していたとして、みなさんの手許に決

算書として期首と期末の貸借対照表が2枚だけ送られてきたら、それでみなさんは満足でしょうか？　確かに期末の貸借対照表を見ればお金の出どころと使いみちはわかりますし、期首と期末の資本金を比べれば利益金額を計算できます。しかし、何か欠けていると思いませんか？

　みなさんは企業に資金を投資したのですから、結果としてのその見返り（すなわち利益）のみではなく、その利益がどのようにして生み出されたかという「過程」も知りたいはずです。その過程とは、八百屋の利益の源泉がダイコンやニンジンを売った結果なのか、土地を売却したことによるのか、それとも株式を売却して得た利益なのかという利益の発生内訳のことです。

　先ほど説明したように、貸借対照表からだけでは、利益の金額そのものはわかりますが、その発生内訳はわかりません。そこで登場するのが「損益計算書（そんえきけいさんしょ）」なのです。

4 損益計算書は利益の発生内訳を示したもの

　先ほどの八百屋が20万円の利益を計上できたのは、200万円のダイコンを220万円で売ったためだと仮定すると、利益の発生内訳は次のように示すことができます。

【図表1-7】利益の発生内訳

ダイコンの売上高	220万円
ダイコンの仕入原価	200万円
差引利益金額	20万円

　これがまさに「損益計算書」です。損益計算書の結論としての利益20万円は、貸借対照表の資本金の増加額に一致します。

5 収益と費用

先ほどの八百屋の損益計算書を一般的な様式で作成してみると、次のようになります。

【図表 1-8】損益計算書

売　上　高	220万円
売　上　原　価	200万円
当　期　純　利　益	20万円

ここにおける「売上原価」とは、「売上げた商品の仕入原価」という意味です。

さて、この損益計算書には、利益金額以外に「売上高220万円」と「売上原価200万円」の2つの情報が示されています。

まず、売上高については、お客様からもらったお金ですから、企業にとって得だったか損だったかを考えれば、明らかに得をした取引ということができます。一方、売上原価のほうは八百屋が市場へ行ってダイコンを購入し、その対価として200万円を支払ったのですから、損得で考えると損をした取引になります。「損して得とれ」という言葉があるように、企業は利益を上げるためにまず、「損」をする必要があります。そして、それ以上の「得」を計上することによって、損得の差額としての「利益」を生み出せるのです。八百屋はダイコン購入代200万円の負担という「損」をいったん計上することにより、お客様からそれ以上の売上代金を受け取ることができ、差額としての20万円の利益を上げることができたと考えられます。

ここにおいて、売上高は、企業にとって得な取引ですから、元手としての資本金が増えるか減るかを考えると「資本金を増加させる取引」と

なり、売上原価は、逆に「資本金を減少させる取引」ということになります。企業は、このように資本金を減少させたり増加させたりして、利益を生み出すように努力しているのです。

損益計算書においては、売上高のように資本金を増加させる取引を「**収益**」、売上原価のように資本金を減少させる取引を「**費用**」といいます。

【図表1-9】収益と費用

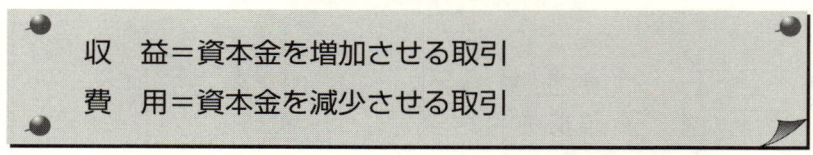

そして、利益は次の計算式によっても求めることができます。

損益計算書はまさにこの計算式に従って利益の発生過程を表したものであるといえるでしょう。資本金と収益・費用の関係を示すと次の図のようになります。

【図表1-10】資本金と収益・費用の関係

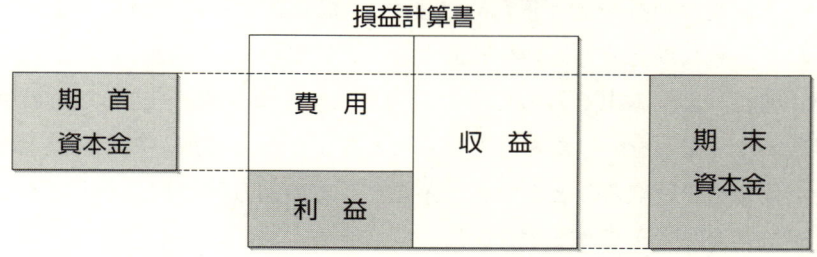

STEP 3 貸借対照表と損益計算書の関連

1 財務諸表の基本等式

前回までにみなさんは次のことを学びました。
① 貸借対照表は、企業に必要なお金の出どころと使いみちを示している。
② 貸借対照表に示されている資本金は、企業の出資者（株式会社では株主）の持分（元手）で、これが増えれば利益、減れば損失が計上されたことがわかる。
③ 利益の金額そのものは貸借対照表で把握することはできるが、その発生内訳は、損益計算書で、収益と費用の対比によって把握する。

これらを計算式で示すと、次のようになります。

> I　資産＝負債＋純資産
> II　利益＝期末資本金－期首資本金
> III　利益＝収益－費用

なお、ここでひとつ補足があります。II式は、資本金の増加が利益になるということを示していますが、会社が設立されてから、株主の人たちに追加出資すなわち増資をお願いしてお金を出してもらえば、資本金は増加するものの、これは利益が計上されたわけではありません。また、

通常、利益が出れば、株主に配当金を支払いますが、後述するように配当金を支払えば元手（資本金）が減少してしまいます。もし、期の途中（これを「期中」といいます）で配当金を支払っていたとしたら、資本金の増加額＝利益とはなりません。したがって、Ⅱ式が成立するためには、「増資および配当金の支払が行われなかった場合」という前提が必要になります。

② 貸借対照表と損益計算書の関係

それでは今までの知識を整理するためにパズルをやってみましょう。

Q　次の空欄①～⑥に入る金額を求めなさい。ただし、A社～C社はいずれも増資および剰余金の配当は行っていない。

（単位：万円）

科　目	A　社	B　社	C　社
期首資本金	（ ① ）	2,250	（ ⑤ ）
期末資産	2,500	4,000	（ ⑥ ）
期末負債	1,500	1,250	1,400
期末資本金	（ ② ）	（ ③ ）	1,100
収　益	3,000	3,500	2,700
費　用	2,750	（ ④ ）	3,100

さあどうですか？　もう簡単に解くことができますよね。一応答合わせをやってみましょう。

　A社の場合は、まず②の期末資本金を前ページのⅠ式から求めます。

　　②＝2,500万円－1,500万円＝1,000万円

　次にⅢ式より利益の金額が求められます。

　　利益＝3,000万円－2,750万円＝250万円

　利益の金額はⅡ式でも求められますから、

　　②－①＝250万円

したがって、①＝1,000万円－250万円＝750万円　となります。
（B社の場合）
　　③＝4,000万円－1,250万円＝2,750万円
　　利益＝2,750万円－2,250万円＝500万円
　　④＝3,500万円－500万円＝3,000万円
（C社の場合）
　　⑥＝1,400万円＋1,100万円＝2,500万円
　　利益＝2,700万円－3,100万円＝△400万円
　　⑤＝1,100万円＋400万円＝1,500万円
　C社では400万円の損失が計上されたために、期首資本金よりも期末資本金のほうが少なくなっています。

③ 資本金と純資産の違い

　今まで株主の持分（元手）全体を「資本金」として取り扱ってきました。これは個人企業では正しいのですが、株式会社のような法人企業では、資本金＝株主の持分となるわけではありません。

　たとえば、八百屋が元手100万円で商売を始め、1年間がんばったおかげで20万円の利益を上げることができたとしたら、その元手は120万円に増加します。今まではこれを「期首資本金100万円の状態から期末資本金が120万円になった」と説明していましたが、法人企業の場合であれば、資本金はあくまでも「出資者が出してくれたお金」に限定し、その後稼ぎ出した利益は資本金ではなく**「利益剰余金」**という別の区分に分類します。そして、資本金と利益剰余金を合わせた「出資者持分」の概念を「純資産」と呼びます[注]。

　（注）　正確には出資者持分と純資産はその範囲が異なることがあるのです

が、まれなケースですからここでは出資者持分＝純資産と考えます。

今の八百屋のケースで説明すると、

純資産120万円＝資本金100万円＋利益剰余金20万円

となり、貸借対照表でも次のように表示します。

【図表1-11】純資産の部の表示

貸借対照表	
	純　資　産
	資　本　金　　100万円
	利　益　剰　余　金　　20万円
	純　資　産　合　計　　120万円
資　産　合　計　×××	負債・純資産合計　×××

したがって、先ほどのⅡ式は次のように書き換えられることになります。

利益＝期末純資産－期首純資産

なお、みなさんには株式会社が一番おなじみだと思いますので、以下「会社」という場合にはことわりがない限り株式会社を指し、出資者のことは「株主」と呼ぶことにします。

④ 利益処分について

　株主が会社に出資するのはその見返りを期待しているからですが、その見返りは人によってまちまちです。たとえば、会社が清算されたときの残余財産が目当ての株主もいるでしょうし、株式の値上がり益を期待している人もいるでしょう。

　しかし、基本的には、その株式投資によって得られる「配当金」をアテにしている株主が多くいることは間違いありません。逆に言えば、会社は利益が出たときにそれを株主に配当という形で還元してあげないと、株主からそっぽを向かれてしまいかねません。そこで、利益処分が必要になります。

　つまり、利益処分とは、株主へ配当を支払うように、今まで会社が獲得した利益を分配したり、あるいは将来のためにプールすることを指します。この利益処分は株主が株主総会において決定します。先ほどの八百屋の場合であれば、利益剰余金20万円のうちいくらを株主に配当するかを株主総会で決議します。

　たとえば、20万円の利益剰余金のうち、15万円を株主に配当し、残りの5万円を将来のためにプールしておくと、株主総会で決議されたのであれば、次のような結果になります。

利益剰余金20万円 ｛ 株主に配当15万円／次期以降の利益処分に繰越し5万円

　このような利益処分も含めて、株主資本等（＝純資産）の変動内容を表した表を「**株主資本等変動計算書**」といいます。今のケースの株主資本等変動計算書を示すと、次のようになります。

【図表 1-12】株主資本等変動計算書

株主資本等変動計算書　　　　　　　　　　　　　　　　（単位：円）

	株主資本				純資産の部
	資本金	利益剰余金		株主資本	
		その他利益剰余金	利益剰余金合計		
		繰越利益剰余金			
前期末残高	1,000,000	0	0	1,000,000	1,000,000
当期変動額			0	0	0
剰余金の配当		△150,000	△150,000	△150,000	△150,000
当期純利益		200,000	200,000	200,000	200,000
当期変動額合計	0	50,000	50,000	50,000	50,000
当期末残高	1,000,000	50,000	50,000	1,050,000	1,050,000

（注）本来、剰余金の配当を行った場合には利益準備金の積立てが必要ですが、ここでは省略しています。

上記の「**繰越利益剰余金**」とは、これから利益処分の対象になる利益剰余金という意味です。

このように、利益処分を行うことによって利益剰余金は減少しますので、純資産全体も減少します。以下に純資産の主な増減原因を分類して示します。

【図表 1-13】純資産の増減要因

（減少要因） 損失の発生 剰余金の配当 減　　　資	期首純資産
期末純資産	（増加要因） 利益の発生 増　　　資

5 各財務諸表の関連

貸借対照表、損益計算書および株主資本等変動計算書の関係を事例で示すと、次のようになります。

【図表1-14】財務諸表の関連

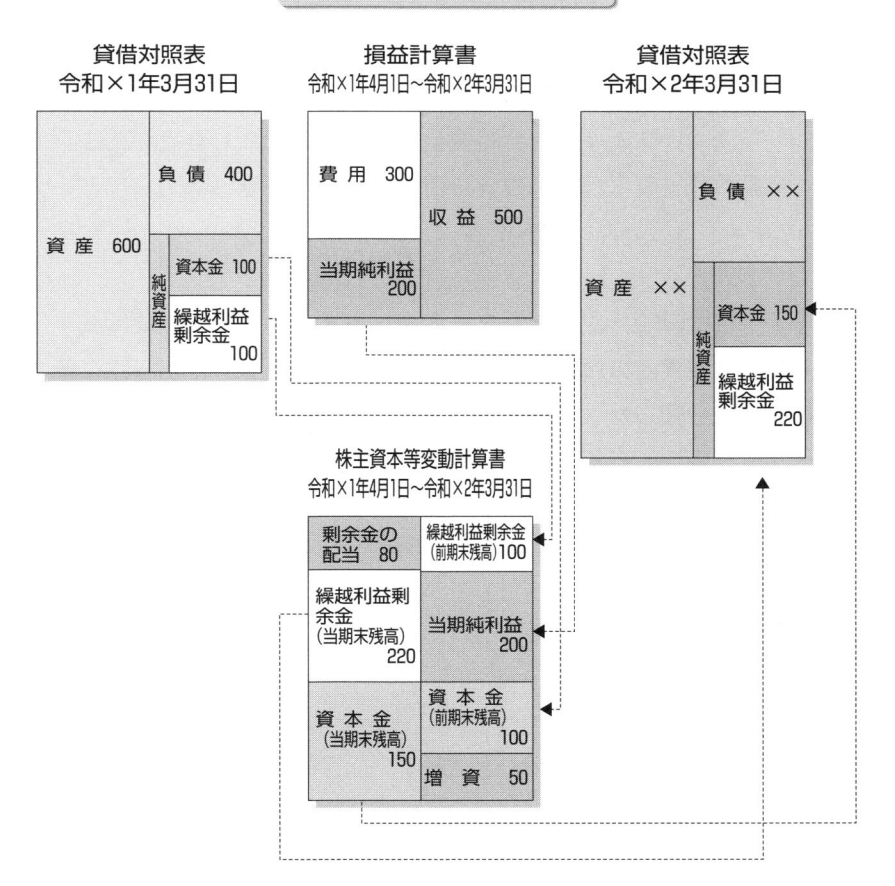

貸借対照表
令和×1年3月31日

資産 600	負債 400
	純資産 資本金 100
	繰越利益剰余金 100

損益計算書
令和×1年4月1日～令和×2年3月31日

| 費用 300 | 収益 500 |
| 当期純利益 200 | |

貸借対照表
令和×2年3月31日

資産 ××	負債 ××
	純資産 資本金 150
	繰越利益剰余金 220

株主資本等変動計算書
令和×1年4月1日～令和×2年3月31日

剰余金の配当 80	繰越利益剰余金（前期末残高）100
繰越利益剰余金（当期末残高）220	当期純利益 200
資本金（当期末残高）150	資本金（前期末残高）100
	増資 50

STEP 3　貸借対照表と損益計算書の関連

練習問題1−1 次の文章の（　　）内に入る適当な用語を答えなさい。

(1) （　①　）は、企業の資金の出どころと（　②　）を明らかにした表である。
(2) 企業の利益はその企業の（　③　）から期首純資産を差し引くことによって求められる。
(3) 企業の資金の出どころのうち、将来返済が必要なものを（　④　）、返済の必要がないものを（　⑤　）という。
(4) （　⑥　）は企業の利益の発生源泉を明らかにした表である。
(5) 企業の株主資本の変動内容を明らかにした表を（　⑦　）という。

練習問題1−2 次の項目をA資産に属するもの、B負債に属するもの、C純資産に属するもの、D費用に属するもの、E収益に属するものに分類しなさい。

① 資本金	② 現　　金	③ 当座預金
④ 借入金	⑤ 給与手当	⑥ 運送収益
⑦ 利益剰余金	⑧ 売上高	⑨ 未払金
⑩ 売上原価		

練習問題1－3 次の空欄の①～⑥に入る金額を求めなさい。ただし、A社～C社はいずれも増資および剰余金の配当は行っていない。

（単位：万円）

科　目	A　社	B　社	C　社
期首純資産	5,620	（ ③ ）	1,090
期 末 資 産	12,640	44,210	（ ⑤ ）
期 末 負 債	（ ① ）	35,190	3,860
期末純資産	（ ② ）	（ ④ ）	790
収　　益	13,960	39,570	（ ⑥ ）
費　　用	10,480	31,330	2,650

※　解答は巻末にあります。

第2章 簿記を理解するための基礎知識を習得しよう

STEP 1 **簿記一巡の手続**
STEP 2 **仕訳の原理**

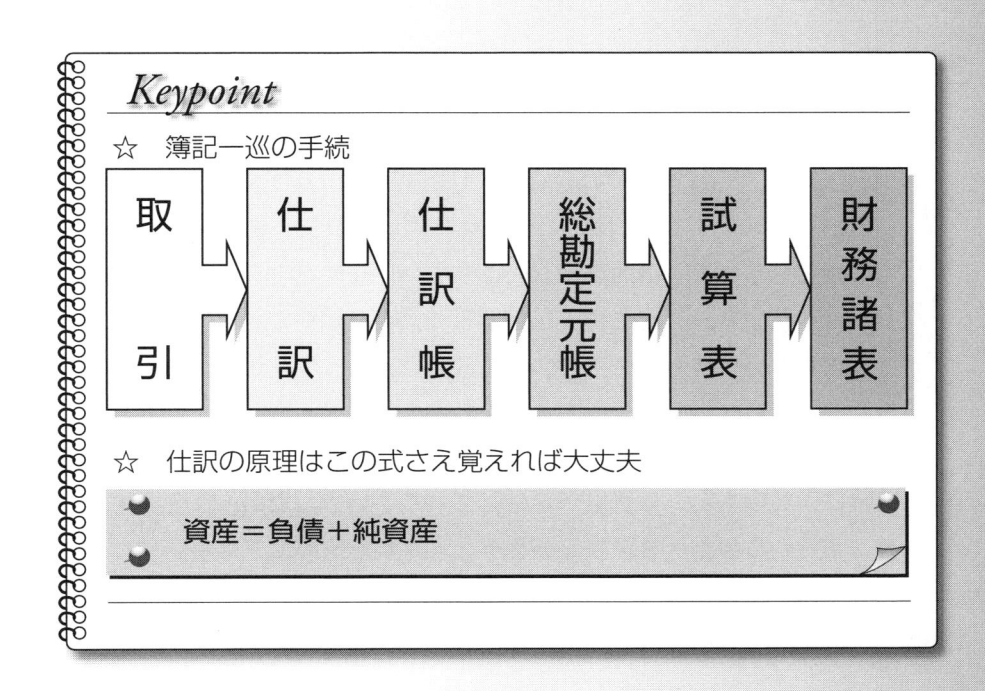

Keypoint

☆ 簿記一巡の手続

取引 → 仕訳 → 仕訳帳 → 総勘定元帳 → 試算表 → 財務諸表

☆ 仕訳の原理はこの式さえ覚えれば大丈夫

　資産＝負債＋純資産

STEP 1 簿記一巡の手続

1 取引とは何か

　この章では、財務諸表が出来上がるまでのステップについて見てみましょう。この財務諸表完成までの手続を「**簿記一巡の手続**」といいます。簿記一巡の手続を図示すると、次のようになります。

【図表2-1】簿記一巡の手続

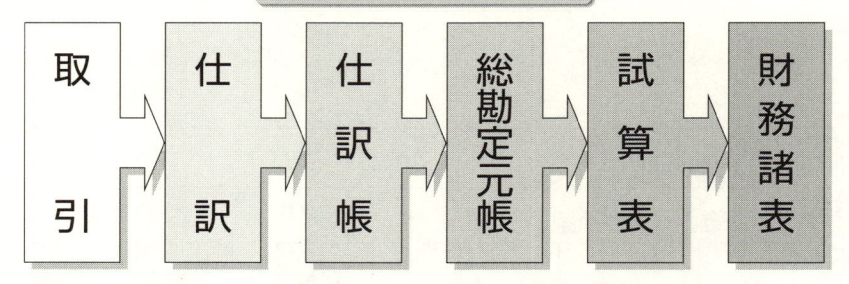

取引 → 仕訳 → 仕訳帳 → 総勘定元帳 → 試算表 → 財務諸表

　最初に書かれている「**取引**」とは、「資産・負債・純資産・収益・費用に変化を与える経済的事象」のことをいいます。ようするに、お金が動く（変化する）ことです。したがって、企業が従業員に給料を支払えば、給料という費用が発生し、同時に現金という資産が減少しますから、これは取引に該当します。また、工場が火事で燃えてしまった場合には、一般的には取引とはいいませんが、簿記上は建物という資産が減少し、同時に火災損失という費用が発生していますので、取引となります。一方、来月から事務所を借りる契約をし、賃料を決めてきた場合には、一

【図表 2-2】 一般的な取引と簿記上の取引

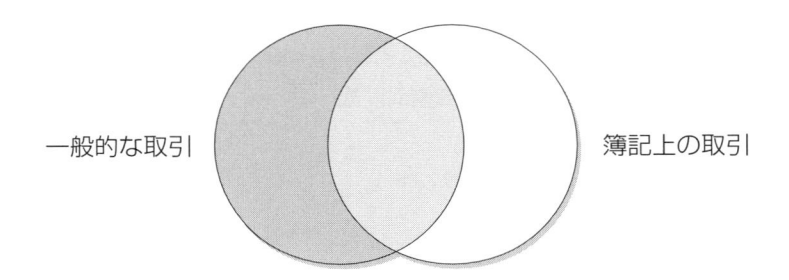

一般的な取引　　　　　　簿記上の取引

般的には「取引をしてきた」ということもありますが、簿記上は先ほどの5要素に変化がありませんので、取引には該当しません。

このように、一般的な取引と簿記上の取引は少しずれているところがありますので、注意が必要です。

② 取引と財務諸表の変化

取引があると、財務諸表がどのように変化していくかについて見てみたいと思います。

> 〈例1〉 ある人が現金300万円を出資して山田運送株式会社を設立した。このときの山田運送㈱の貸借対照表を作成しなさい。

これから作るのは、山田運送㈱の貸借対照表です。「ある人」（株主）の貸借対照表ではありませんので、注意してください。

山田運送㈱では、株主から資金が入金されましたので、資金の出どころは「株主」です。株主が出資した資金は「資本金」として処理するのでした。

STEP1　簿記一巡の手続

また、株主から入金された300万円はまだ使わずに持っています。使わずに持っている現金も資産として貸借対照表に表示するのでしたよね。

したがって、この場合の貸借対照表は次のようになります。

貸借対照表

現　　金	300万円	資　本　金	300万円

〈例2〉　山田運送㈱はその後銀行から200万円を借り入れ、それを現金で受け入れた。

銀行から借り入れた資金は、「後で返済しなければならないお金の出どころ」です。したがって、負債として、貸借対照表の右側に表示します。手持ち現金は当初の300万円に200万円が加わって500万円になっていますから、貸借対照表は次のように表示されます。

貸借対照表

現　　金	500万円	借　入　金	200万円
		資　本　金	300万円
	500万円		500万円

〈例3〉　山田運送㈱は手持ちの現金500万円のうち400万円を当座預金として銀行に預け入れた。

当座預金とは、小切手や手形を振り出し、決済するときに使用される預金口座です。

今度の貸借対照表の変化は左側の資産のみです。現金400万円が減少し、代わりに当座預金という資産が400万円増加しています。したがって、貸借対照表は次のように変化します。

貸借対照表

現　　　金	100万円	借　入　金	200万円
当 座 預 金	400万円	資　本　金	300万円
	500万円		500万円

> 〈例4〉　山田運送㈱は土地300万円を購入し、代金のうち200万円は小切手で支払ったが、残額の100万円は後日支払うこととした。

　今度は少し難しいですね。土地300万円を購入していますので、資産の中に土地300万円を加える必要があります。そして、その購入代金のうち200万円は小切手を振り出していますから、その分だけ当座預金が減少します。問題は、土地購入代金のうち小切手で支払わなかった100万円です。これは、土地の購入先から100万円の資金を借り入れたのと同じことであり、この100万円も「後で支払わなければならないお金の出どころ」なので、負債として処理する必要があります。勘定科目（財務諸表に表示される名称）は「まだ払っていないお金」という意味の「未払金」を使用するのが一般的です。

貸借対照表

現　　　金	100万円	借　入　金	200万円
当 座 預 金	200万円	未　払　金	100万円
土　　　地	300万円	資　本　金	300万円
	600万円		600万円

③ 仕訳および仕訳帳とは

　今までの例でわかるように、取引があれば必ず財務諸表は変化します。例のように取引数が少なければ、そのつど財務諸表を作成することも可

能ですが、通常の企業の取引は数え切れないほどの量になってしまい、いちいち財務諸表を作成しているわけにはいきません。

そこで、1か月・1年など一定の期間を区切って、その間の取引が与える影響をまとめて財務諸表に表すことが必要になります。そのためには、取引のつど企業の資産・負債・純資産・収益・費用がどのように変化したかを記録しておく必要があります。この記録にあたるものが「仕訳」です。先ほどの例の仕訳を示すと、次のようになります。

仕訳例

〈例1〉	（借）現　　　　金	300万円	（貸）資　本　金	300万円
〈例2〉	（借）現　　　　金	200万円	（貸）借　入　金	200万円
〈例3〉	（借）当 座 預 金	400万円	（貸）現　　　　金	400万円
〈例4〉	（借）土　　　　地	300万円	（貸）当 座 預 金	200万円
			未　払　金	100万円

(注) 仕訳のルールは次節で説明します。

これらの仕訳を記載した用紙を**「会計伝票」**といい、仕訳の作成の際に用いられた「現金」、「資本金」、「借入金」などを**「勘定科目」**といいます。

これらの仕訳を日付順に並べたものが**「仕訳帳（または仕訳日記帳）」**ですが、これは、仕訳をまとめて財務諸表につなげるための交通整理の役割を果たしていると考えればよいでしょう。

4 総勘定元帳とは

財務諸表を作成するときには、仕訳帳に記載されている仕訳をすべて反映させなければなりません。たとえば、現金であれば期中にいくら入金がありいくら出金があったかをすべて拾い出し、期末残高がいくらに

【図表2-3】総勘定元帳

現　　金　　　　　　　　　　　　（単位：円）

日付		摘　要	仕丁	借　方	貸　方	借/貸	残　高
4	1	資　本　金	1	3,000,000			3,000,000
	10	借　入　金	1	2,000,000			5,000,000
	20	当 座 預 金	1		4,000,000		1,000,000
	30	次 月 繰 越			1,000,000		
				5,000,000	5,000,000		
5	1	前 月 繰 越		1,000,000			2,000,000

なっているかを計算して貸借対照表を作成することになります。

このとき、仕訳帳の現金取引をいちいち拾い出していたのでは、作業量が膨大なため、正確な財務諸表を作成することが困難になってしまいます。そこで、「**総勘定元帳**」を作成して、各勘定科目の残高を計算する必要が生じるのです。

総勘定元帳の様式は【図表2-3】に示したとおりですが、総勘定元帳には、残高を明らかにする機能以外に、その勘定に関する明細を明らかにする機能もあります。

簿記を学ぶうえでは、便宜的に次のようなT字型の総勘定元帳を使用します。

現　　金　　　　　　　　　　　（単位：円）

4/ 1	資　本　金	3,000,000	4/20	当 座 預 金	4,000,000
10	借　入　金	2,000,000	30	次 月 繰 越	1,000,000
		5,000,000			5,000,000
5/ 1	前 月 繰 越	1,000,000			

5 試算表とは

試算表は、たとえば次のように示されます。

【図表2-4】残高試算表

残高試算表		(単位:円)	
現　　　　金	11,210	買　掛　金	267,400
売　　掛　　金	386,400	借　入　金	200,000
貯　　蔵　　品	89,300	資　本　金	1,000,000
建　　　　物	1,236,360	繰越利益剰余金	92,540
給　与　手　当	368,200	運　送　収　益	538,400
支　払　利　息	26,500	受　取　利　息	19,630
	2,117,970		2,117,970

　(残高)試算表は、総勘定元帳で算出された各勘定科目の残高を、左側が資金の使いみち、右側が資金の出どころとなるように表したもので、必ず左側と右側の合計金額は一致します。試算表を作成する目的は、次の2つです。

> ①　左右の合計金額の一致を確認することによって、取引の集計が正確であることを検証する。
> ②　資金の使いみちを資産と費用、資金の出どころを負債・純資産と収益に分類することによって財務諸表を作成することができる。

上記②のからくりを図示すると、次のようになります。

【図表2-5】試算表からの財務諸表作成過程

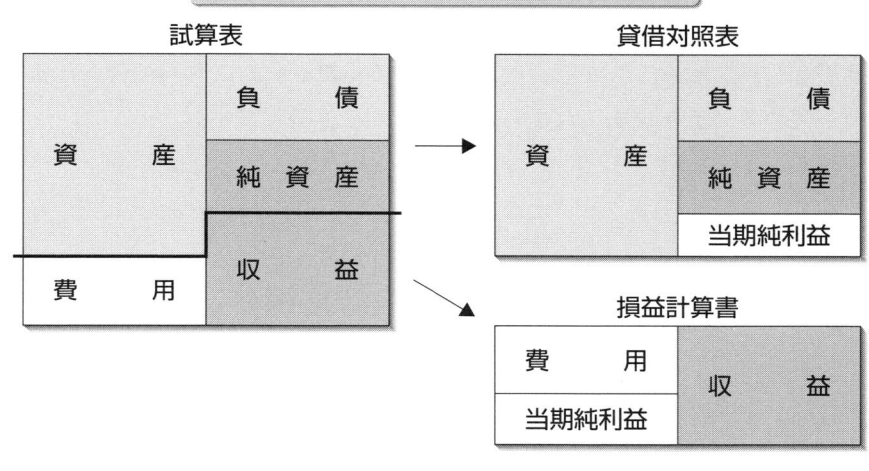

先ほどの試算表から財務諸表（勘定式）を作成すると、次のようになります。

貸借対照表　　　　　　（単位：円）

現　　　　金	11,210	買　掛　金	267,400
売　掛　　金	386,400	借　入　金	200,000
貯　蔵　　品	89,300	資　本　金	1,000,000
建　　　　物	1,236,360	繰越利益剰余金	255,870
	1,723,270		1,723,270

損益計算書　　　　　　（単位：円）

給　与　手　当	368,200	運　送　利　益	538,400
支　払　利　息	26,500	受　取　利　息	19,630
当　期　純　利　益	163,330		
	558,030		558,030

STEP1　簿記一巡の手続

最初に簿記一巡の手続の全体をザーっと説明してしまいましたから、みなさんの中には「何をいっているのかよくわからない」という人もいるかもしれません。しかし、心配しないでください。これらの簿記一巡の手続の各ステップをこれからわかりやすく説明します。

STEP 2 仕訳の原理

1 仕訳のルール

　まず、事前にお断りしておきますと、簿記を学び始めて最初にぶつかる壁がこの仕訳のルールと、仕訳で用いる勘定科目です。仕訳は、取引を借方（左側）と貸方（右側）に分けて表します。

　この借方と貸方が「くせもの」です。そもそも借方・貸方は「左側」「右側」という意味しかなく、お金の貸し借りとはまったく関係ありません。それならば最初から左側・右側と言えば良さそうなものですが、これがなぜか今の呼び方になっているのです。しかし、これも慣れてしまえば自然に身に付きますから安心してください。

　これからみなさんに仕訳の作成を行ってもらいますが、取引を仕訳するときには、現金とか当座預金などの勘定科目を借方・貸方のどちら側に書くのか迷ってしまいます。よく簿記の本を見ると、何種類もの借方と貸方の組合せが書いてあって、かえって混乱してしまうものがありますが、仕訳の際の借方・貸方区分のルールは、実は単純なのです。

　みなさんはすでに次の「貸借対照表等式」を学んだはずです。

> 資産＝負債＋純資産

　この式は、貸借対照表の左側（借方）の資産は「お金の使いみち」を

示し、右側（貸方）の負債と純資産は「お金の出どころ」を示していて、それぞれの合計金額は一致することを表しています。実は、この式さえ覚えておけば、仕訳のときの借方・貸方区分には困らないのです。

　まず、この式は「資産が増えたら借方、負債・純資産が増えたら貸方」と読んでください。ということは「資産が減ったら貸方、負債・純資産が減ったら借方」という逆読みもできることになります。「あれ、収益と費用は？」と思った人もいるでしょうが、そういう人は収益と費用の定義を思い出してください。

　収益と費用は次のように定義されます。

> 収益＝得する取引＝元手（純資産）が増加する取引
> 費用＝損する取引＝元手（純資産）が減少する取引

ということは、収益は純資産（お金の出どころ）を増加させるのだから貸方、費用は純資産を減少させるのだから借方と理解することができます。

2 仕訳を書いてみよう

　以上の仕訳のルールを使って実際に取引の仕訳を行ってみましょう。登場するのは、前節の山田運送㈱です。

> 〈例1〉　ある人が現金300万円を出資して山田運送株式会社を設立した。このときの山田運送㈱の貸借対照表を作成しなさい。

　まず、仕訳を作成するときに考えなければならないのは、取引によって、資産・負債・純資産・収益・費用の5要素のうちの何が変化し、またそれがいくらかであるかということです。「何が」と「いくら」を借

方・貸方に記入することによって仕訳ができあがります。

　山田運送㈱は、株主から300万円の現金を出してもらっていますので、そのお金の出どころは「資本金」ということになります。したがって、「資本金」が「300万円」増加したことがわかります。

　しかし、この取引は資本金が増加しただけではありません。株主から出してもらったお金は、現金の増加という形になっているのです。したがって、「現金」が「300万円」増加したということも仕訳に表す必要があります。

　仕訳のルールに従えば、資産の増加は借方、純資産の増加は貸方ですから、仕訳には次のように表示することになります。

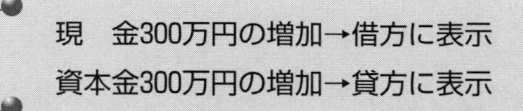

> 現　金300万円の増加→借方に表示
> 資本金300万円の増加→貸方に表示

これを仕訳で示すと、次のようになります。

仕訳例

(借)現　　金　　300万円　(貸)資　本　金　　300万円

〈例1〉の取引は「資産の増加」と「純資産の増加」の組合せでしたが、取引はこのように必ず2つの面から説明することができ、それが仕訳（借方と貸方に分けること）のベースになっているのです。借方と貸方の2つの面から取引を表す簿記の体系を**「複式簿記」**といいますが、このルールは世界共通のものです。

　ところで〈例1〉では株主が300万円のお金を出しており、株主の現金は減少しているのだから、仕訳では貸方に現金300万円と書くべきではないかと考えた人もいるかもしれません。しかし、仕訳はあくまでも企業にとっての財政状態・経営成績を示すために行われるものであり、

STEP2　仕訳の原理

企業側に立って作成しなければなりません。企業にとっては株主から現金300万円を出してもらったのですから、現金が300万円増加しているのです。

> 〈例2〉 山田運送㈱はその後銀行から200万円を借り入れ、それを現金で受け入れた。

さあ、先ほどと同じようにお金の出どころと使いみちはどのように変化したかを考えてみましょう。

まず、お金の使いみちは〈例1〉と同じく現金ですから、借方に現金200万円がくるのはわかります。一方、お金の出どころは銀行で、将来返済しなければならないお金が増加したのですから、負債の「借入金」を増加させます。

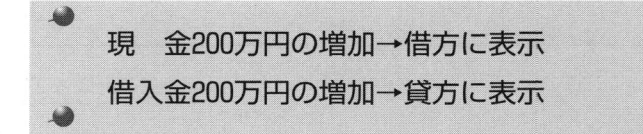

現　金200万円の増加→借方に表示
借入金200万円の増加→貸方に表示

したがって、この取引の仕訳を示すと、次のようになります。

仕訳例

(借)現　　　金　200万円　(貸)借　入　金　200万円

どうですか？　だんだん調子が出てきましたね。今度は〈例3〉に行ってみましょう。

> 〈例3〉 山田運送㈱は手持ちの現金500万円のうち400万円を当座預金として銀行に預け入れた。

この取引は、お金の出どころと使いみちの間の変化ではなく、お金の使いみち（資産）同士の振替取引であることに気づいてください。つま

り、この取引の2面は当座預金という資産の増加と現金という資産の減少であり、次のように分解できます。

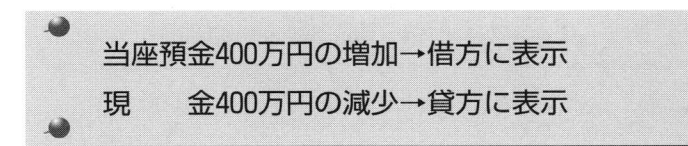

> 当座預金400万円の増加→借方に表示
> 現　　金400万円の減少→貸方に表示

したがって、仕訳は次のようになります。

仕訳例

(借)当 座 預 金　　400万円　(貸)現　　　金　　400万円

〈例4〉　山田運送㈱は土地300万円を購入し、代金のうち200万円は小切手で支払ったが、残額の100万円は後日支払うこととした。

今度は少し難しくなります。まず、この取引でお金の使いみちはどのように変化したかを考えれば、土地という資産が300万円増加し、当座預金という資産が200万円減少したことがわかります。また、不足額の100万円については、購入先から借りてきたと考えるのでしたから、これは「後で返済しなければならないお金」すなわち負債（未払金）が増えたものとして処理します。

> 土　　地300万円の増加→借方に表示
> 当座預金200万円の減少→貸方に表示
> 未 払 金100万円の増加→貸方に表示

以上を仕訳で表すと、次のようになります。

STEP 2　仕訳の原理

仕訳例

(借)土　　　地　　300万円　(貸)当座預金　　200万円
　　　　　　　　　　　　　　　　未　払　金　　100万円

この仕訳は、未払金という負債を計上するのがポイントです。

〈例5〉　山田運送㈱は従業員に給与手当50万円を現金で支給した。

今度は費用の計上について見てみましょう。山田運送㈱が従業員に支払った給与手当は、山田運送㈱にとって損か得かを考えれば、損です。損ということは、元手（純資産）が減る→費用の計上ということになります。この費用は「給与手当」という勘定科目を用います。給与手当は純資産を減少させるのですから、仕訳の上では借方に表示されます。もちろん、相手勘定（貸方）は現金となります。

給与手当50万円の計上→借方に表示
現　　金50万円の減少→貸方に表示

仕訳例

(借)給　与　手　当　　50万円　(貸)現　　　金　　50万円

〈例6〉　得意先から運送収益200万円が当座預金に振り込まれた。

次は、収益の計上取引です。運送収益として得意先からもらったお金は、返却の必要のない「もらいっぱなしのお金」です。もらいっぱなしのお金を受け取って企業は損か得かといえば、当然得です。得というこ

とは、純資産の増加→収益の計上ということになります。

> 当座預金200万円の増加→借方に表示
> 運送収益200万円の増加→貸方に表示

仕訳例

（借）当 座 預 金　　200万円　（貸）運 送 収 益　　200万円

③ 勘定科目について

　以上の仕訳で登場した現金、当座預金、土地、借入金、未払金、資本金、給与手当、運送収益は「勘定科目」と呼ばれ、財務諸表にも原則として表示されます。前に触れたように、簿記を始めた人が最初に混乱するのは、仕訳のルールと「勘定科目の多さ」なのです。確かに勘定科目は数え上げたらきりがないほど登場してきますから、最初のうちは「勘定科目がわからなくて仕訳が書けない」という事態になることは当然です。

　しかし、これまでの説明でわかってもらえたと思いますが、ようするにお金の出どころと使いみちがどのように変化したのかを示すのが仕訳の役割なのですから、たとえば「当座預金」という勘定科目がわからなくて「預金」や「現金預金」になったとしても、財務諸表は作成できるのです。したがって、今の段階では取引を大きくとらえ、お金の出どころと使いみちのどの部分が変化したのかを理解できれば十分です。細かいことにはこだわらずにどんどん仕訳作成の練習をしてみてください。

練習問題2−1　次の文章の（　）内に入る適当な用語を答えなさい。

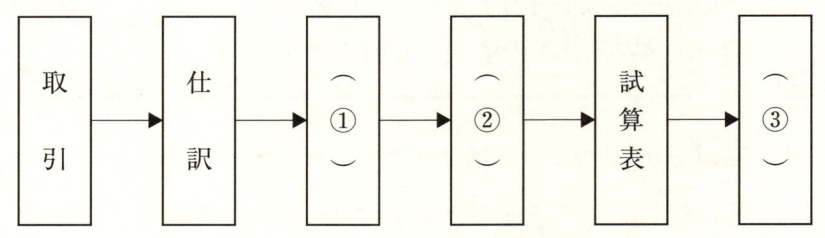

取引 → 仕訳 → （①） → （②） → 試算表 → （③）

練習問題2−2　試算表を作成する目的を2つ述べなさい。

練習問題2−3　次の取引の仕訳を示しなさい。
(1) ある人が東京商店を設立し、資本金500万円は当座預金に預け入れた。
(2) 東京商店は、200万円の小切手を振り出して、建物を取得した。
(3) 当座預金から手許現金100万円を引き出した。
(4) 従業員に給与70万円を現金で支払った。
(5) 銀行から300万円を借り入れ、その資金は当座預金に預け入れた。
(6) お客様から手数料100万円が当座預金に振り込まれた（「受取手数料」という収益に計上する）。
(7) 土地400万円を取得したが、その代金はまだ支払っていない。
(8) 借入金のうち100万円を利息5万円とともに、小切手を振り出して支払った（利息は「支払利息」という費用に計上する）。
(9) (7)の土地代金400万円を小切手を振り出して支払った。

※　解答は巻末にあります。

第3章
さあ財務諸表を作ってみよう
(PART Ⅰ)

STEP 1 **仕訳から直接財務諸表を作成する**
STEP 2 **簿記一巡の手続に従って作成する**

Keypoint

山田運送株式会社の財務諸表を次の2つの方法で作成します。

1　仕訳から直接作成する

2　簿記一巡の手続に従って作成する

STEP 1 仕訳から直接財務諸表を作成する

1 勘定科目の分類

前章で登場した山田運送㈱の仕訳は、次の6つでした。

仕訳例

〈例1〉	(借)現　　　　金	300万円	(貸)資　本　　金	300万円
〈例2〉	(借)現　　　　金	200万円	(貸)借　入　　金	200万円
〈例3〉	(借)当 座 預 金	400万円	(貸)現　　　　金	400万円
〈例4〉	(借)土　　　　地	300万円	(貸)当 座 預 金	200万円
			未　払　　金	100万円
〈例5〉	(借)給 与 手 当	50万円	(貸)現　　　　金	50万円
〈例6〉	(借)当 座 預 金	200万円	(貸)運 送 収 益	200万円

　さて、これらの仕訳から財務諸表を作成するのですが、まず、最初にやってもらいたいのは、上記の仕訳に登場する勘定科目を、①貸借対照表に表示されるものと、②損益計算書に表示されるものに分ける作業です。つまり、①は資産・負債・純資産に帰属する勘定科目ですし、②は収益・費用に帰属する勘定科目ということになります。
　いかがでしょうか？
　まず、〈例1〉の借方の現金は資産ですから貸借対照表科目、貸方の資本金は純資産ですからやはり貸借対照表科目となります。

〈例2〉の借方の現金も同様に貸借対照表科目、貸方の借入金も負債ですから貸借対照表科目というふうに、それぞれの勘定科目を分類していくと、次のようになります。

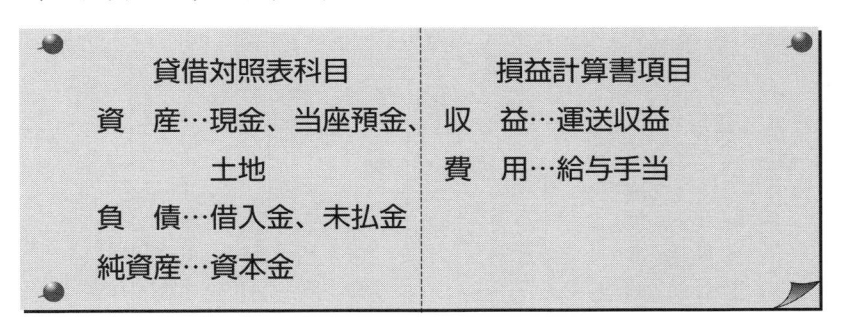

貸借対照表科目	損益計算書項目
資　産…現金、当座預金、土地	収　益…運送収益
負　債…借入金、未払金	費　用…給与手当
純資産…資本金	

2 勘定残高の集計

　さて、これらの勘定科目の最終残高（これを「勘定残高」といいます）を求め、それぞれの財務諸表に表示すればよいのですが、現金と当座預金は何回も仕訳に登場していますから、集計が少し大変です。
　たとえば、現金は資産なので、仕訳では増加したら借方、減少したら貸方に表示されています。したがって、現金の勘定残高は、次のように求めます。
　〈例1〉300万円＋〈例2〉200万円－〈例3〉400万円－〈例5〉50万円＝50万円
　当座預金も同様に資産なので、勘定残高は次のように集計されます。
　〈例3〉400万円－〈例4〉200万円＋〈例6〉200万円＝400万円
　その他の勘定科目はそれぞれ1回しか登場していませんから、集計は簡単です。

③ 財務諸表の作成

それでは、これらの集計結果を各財務諸表に分けて記入してみましょう。

まず、貸借対照表から作成します。

貸借対照表

現　　　金	50万円	借　入　金	200万円
当座預金	400万円	未　払　金	100万円
土　　　地	300万円	資　本　金	300万円

今のところ、財務諸表における勘定科目の記載順序は気にする必要はありません。資産は左側（借方）に、負債・純資産は右側（貸方）に表示すればよいのですが、負債と純資産は負債のほうを上に配置してください。

このように表示すると、貸借対照表の左側と右側の合計金額が一致しません。左側の合計は750万円ですが、右側の合計は600万円で、150万円の差額が生じています。しかし、ここではそのままにしておいて、損益計算書を作成してみましょう。

損益計算書は、すでに登場した右側に収益、左側に費用を示す「勘定式」もあるのですが、一般的には収益から費用を差し引いて利益を算出する**「報告式損益計算書」**が多いので、そちらで示してみましょう。

損益計算書

運送収益	200万円
給与手当	50万円
当期純利益	150万円

このように、損益計算書では当期純利益が150万円と計算されました。ところで、この当期純利益は損益計算書の結論であると同時に、貸借対

照表でも表示されるのでしたよね。つまり、当期純利益は元手の増加すなわち純資産の増加額にも一致し、それを貸借対照表では**「繰越利益剰余金（分類は利益剰余金）」**として表示する決まりになっています。繰越利益剰余金はさらに純資産に分類されますから、貸借対照表では資本金の次に表示します。

貸借対照表

現　　　　金	50万円	借　入　金	200万円
当 座 預 金	400万円	未　払　金	100万円
土　　　　地	300万円	資　本　金	300万円
		繰越利益剰余金	150万円
	750万円		750万円

　このように、貸借対照表の資産合計額と負債・純資産合計額が一致して財務諸表はできあがりということになります。

　いかがでしたか？　そんなに難しくはないですよね。

4 財務諸表作成までのステップ（まとめ）

　もう一度財務諸表を作成するまでのステップをまとめると、次のようになります。

《財務諸表作成までのステップ》
① 仕訳を作成する。
② 仕訳の勘定科目を貸借対照表科目と損益計算書科目に分類する。
③ 各勘定科目の残高を集計する。
④ 貸借対照表と損益計算書にそれぞれの勘定科目

と残高を記入する。
⑤　まず損益計算書で当期純利益を求める。
⑥　当期純利益を繰越利益剰余金の増加額として貸借対照表に記入する。
⑦　貸借対照表の資産合計額と負債・純資産合計額が一致していることを確認してできあがり。

STEP 2 簿記一巡の手続に従って作成する

1 簿記一巡の手続とは

　前節で紹介した財務諸表の作成方法は、中抜き・手抜きの「簡便法」です。しかし、世の中は手抜きがまかり通るほど甘くはありません。実際の財務諸表は簿記一巡の手続に従って作成されます。
　もう一度、簿記一巡の手続の流れを確認しておきましょう。

【図表3-1】簿記一巡の手続

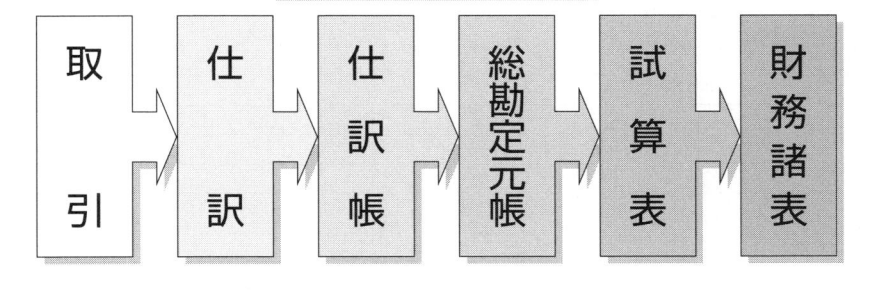

取引 → 仕訳 → 仕訳帳 → 総勘定元帳 → 試算表 → 財務諸表

　前節の簡便法では、上記の仕訳のステップから直接財務諸表のステップへ飛んで行ってしまったのですが、今度は忠実に上記のステップを踏んでみたいと思います。「簡便法で財務諸表が作成できるなら、面倒くさいことをしなくてもいいじゃないか」と言う人もいると思いますが、簡便法は仕訳数が少ないからできたのであって、年間の取引数が何千、何万とある通常の企業では簡便法で財務諸表を作成することは、いくら

計算が得意な人でも無理です。つまり、実際に財務諸表を作成するには、どうしても簿記一巡の手続に従う必要があるのです。

② 仕訳帳

さて、それでは前節の山田運送㈱のケースでやってみましょう。第1ステップの仕訳の作成は簡便法と同様です。

簿記一巡の手続では、仕訳を作成した後、それらを仕訳帳（または仕訳日記帳）に転記（書き写すこと）することになっています。仕訳帳は

【図表3-2】仕訳帳

仕訳帳　　　　　　　　　　　　（P.1）

日付		摘　　要	元丁	借　方	貸　方
4	1	（現　　　金）	101	3,000,000	
		（資　本　金）	301		3,000,000
		山田運送㈱設立			
	10	（現　　　金）	101	2,000,000	
		（借　入　金）	203		2,000,000
		○銀行より短期借入			
	20	（当座預金）	102	4,000,000	
		（現　　　金）	101		4,000,000
		当座預金口座開設　○銀行			
	25	（土　　　地）　諸　口	146	3,000,000	
		（当座預金）	102		2,000,000
		（未　払　金）	204		1,000,000
		×不動産より土地購入			
	25	（給与手当）	501	500,000	
		（現　　　金）	101		500,000
		4月分給与支払			
	30	（当座預金）	102	2,000,000	
		（運送収益）	401		2,000,000
		△商事より運送料入金			
				14,500,000	14,500,000

前ページのような様式で示されます。

仕訳帳に「元丁」欄がありますが、これは後述する総勘定元帳への転記が終わった段階で、その勘定科目のコード番号(たとえば、現金は101、当座預金は102…というように事前に決めておきます)を記入し、総勘定元帳への転記が終了したことを示すようになっています。

③ 総勘定元帳への転記

仕訳帳から総勘定元帳への転記は、次のステップによって行います。

《仕訳帳から総勘定元帳への転記のステップ》
① 仕訳の借方の勘定科目の総勘定元帳を探し出す。
② 仕訳日付を総勘定元帳の日付欄に転記する。
③ 借方の金額欄へ借方金額を転記する。
④ 借方の摘要欄に仕訳の相手勘定を記入する。相手勘定が複数の場合には「諸口」と記入する。
⑤ 転記が終了した時点で、仕訳帳の元丁欄に勘定科目のコード番号を記入する(正式な総勘定元帳の場合には、転記が終了した時点で「仕丁」欄に仕訳帳のページ数を記入する)。
⑥ 貸方の勘定科目について①〜⑤を行う。

先ほどの〈例1〉の転記を示します。ただし、元丁欄および仕丁欄の記入は省略します。また、総勘定元帳はＴ字型の簡便なものを利用します。

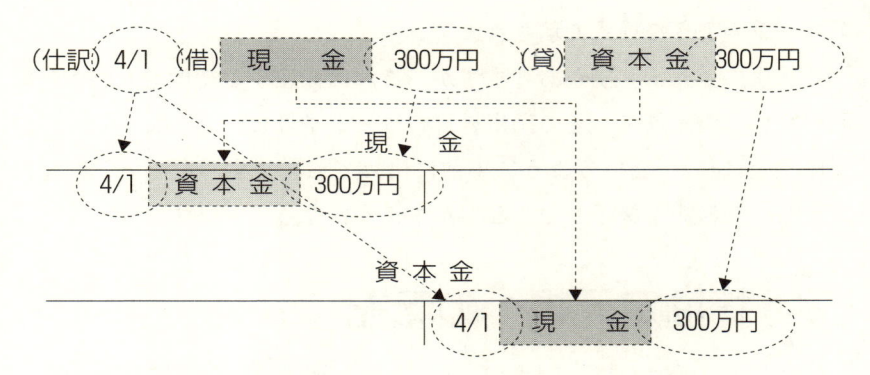

(仕訳) 4/1 (借) 現　金　300万円　(貸) 資本金　300万円

　　　　　　　　　　現　金
　4/1　資本金　300万円

　　　　　　　　　　資本金
　　　　　　　　　　　　　4/1　現　金　300万円

　このルールに基づいて転記した後の各総勘定元帳を示すと、次のようになります。なお、各勘定の右側にカッコ書きで書かれている番号は、勘定科目コードを示しています。

現　金			(101)
4/ 1　資　本　金　300万円		4/20　当座預金　400万円	
10　借　入　金　200万円		25　給与手当　 50万円	

当座預金			(102)
4/20　現　　　金　400万円		4/25　土　　　地　200万円	
30　運送収益　200万円			

土　地			(146)
4/25　諸　　　口　300万円			

借入金			(203)
		4/10　現　　　金　200万円	

未払金			(204)
		4/25　土　　　地　100万円	

	資　本　金			（301）
	4／ 1	現　　　金	300万円	

	運　送　収　益			（401）
	4／30	当　座　預　金	200万円	

	給　与　手　当			（501）
4／25　現　　　金　50万円				

4 各勘定残高の算出

　総勘定元帳への転記が終了したら、各勘定残高を算出するために、それぞれの総勘定元帳へ勘定残高を記入して、貸借合計額を一致させます。
　山田運送㈱の記入例を示すと、次のようになります。

	現　　金			（101）
4／ 1　資　本　金　300万円	4／20　当　座　預　金　400万円			
10　借　入　金　200万円	25　給　与　手　当　 50万円			
	30　月　末　残　高　 50万円			
500万円	500万円			

	当　座　預　金			（102）
4／20　現　　　金　400万円	4／25　土　　　地　200万円			
30　運　送　収　益　200万円	30　月　末　残　高　400万円			
600万円	600万円			

	土　　地			（146）
4／25　諸　　　口　300万円	4／30　月　末　残　高　300万円			

STEP 2　簿記一巡の手続に従って作成する

	借　入　金		(203)
4／30　月末残高　200万円	4／10　現　　　金　200万円

	未　払　金		(204)
4／30　月末残高　100万円	4／25　土　　　地　100万円

	資　本　金		(301)
4／30　月末残高　300万円	4／ 1　現　　　金　300万円

	運　送　収　益		(401)
4／30　月末残高　200万円	4／30　当座預金　200万円

	給　与　手　当		(501)
4／25　現　　　金　50万円	4／30　月末残高　50万円

　このように、各勘定の月末残高を算出し、再びそれを集計して試算表が作成されます。

5 試算表の作成

試算表は、総勘定元帳の各勘定残高を集計して作成されます。試算表を作成する目的は次の2つです。

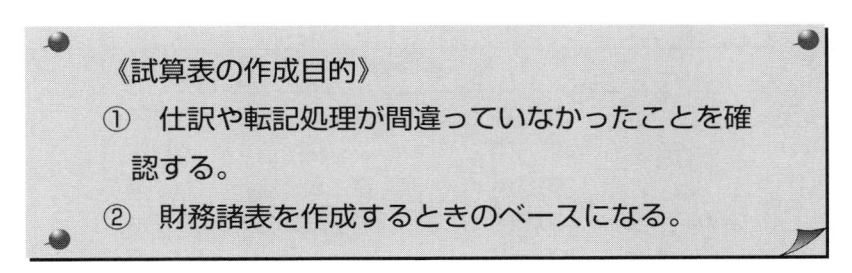

《試算表の作成目的》
① 仕訳や転記処理が間違っていなかったことを確認する。
② 財務諸表を作成するときのベースになる。

試算表の作成ステップを図示すると、次のようになります。

【図表3-3】試算表の作成過程

総勘定元帳から試算表を作成するときに、ひとつ気を付けなければならないことがあります。それは転記にあたって、借方と貸方を間違えないようにすることです。たとえば、山田運送㈱の現金勘定の月末残高50万円は、総勘定元帳では貸方（右側）に記入されていますが、これは借

方合計額のほうが大きいために反対側に記入して、貸借バランスを合わせているのであって、実際には借方残高になっているのですから、試算表への転記では借方に記入する必要があります。

このルールに従って作成した試算表は、次のようになります。

【図表 3 – 4】試算表

試　算　表	
現　　　金　　50万円	借　入　金　　200万円
当 座 預 金　400万円	未　払　金　　100万円
土　　　地　300万円	資　本　金　　300万円
給 料 手 当　　50万円	運 送 収 益　　200万円
合　　　計　800万円	合　　　計　　800万円

このように、試算表の貸借金額は一致しています。貸借金額が一致していた仕訳から仕訳帳→総勘定元帳→試算表と転記してきたのですから、貸借金額が一致しないわけはないのですが、場合によっては一致しないことがあります。その場合には、次のいずれかの理由が考えられます。

《試算表の貸借合計額が不一致になる原因》
① 仕訳の貸借金額が一致していない。
② 仕訳帳から総勘定元帳への転記の際、次のミスがあった。
　　1) 借方または貸方だけを転記した。
　　2) 借方または貸方だけを二重に転記した。
　　3) 金額を間違えて転記した。

このようなミスは試算表を作成することによって発見することができます。

しかし、次のようなミスは試算表では発見できませんので気を付けましょう。

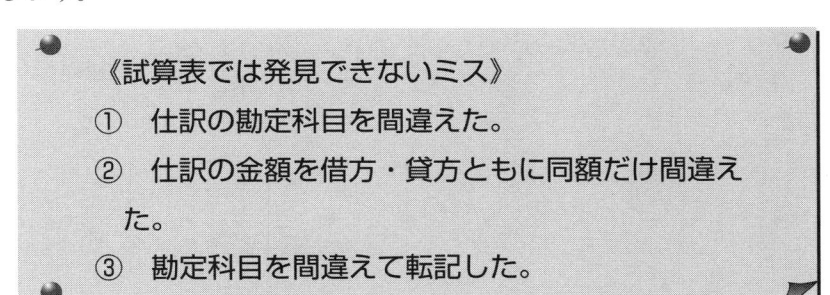

> 《試算表では発見できないミス》
> ① 仕訳の勘定科目を間違えた。
> ② 仕訳の金額を借方・貸方ともに同額だけ間違えた。
> ③ 勘定科目を間違えて転記した。

6 試算表からの財務諸表の作成

前にも説明したように、試算表に示された資産・負債・純資産部分は貸借対照表へ、収益・費用部分は損益計算書へ転記することによって自動的に財務諸表ができあがります。

【図表3-5】試算表からの財務諸表作成過程

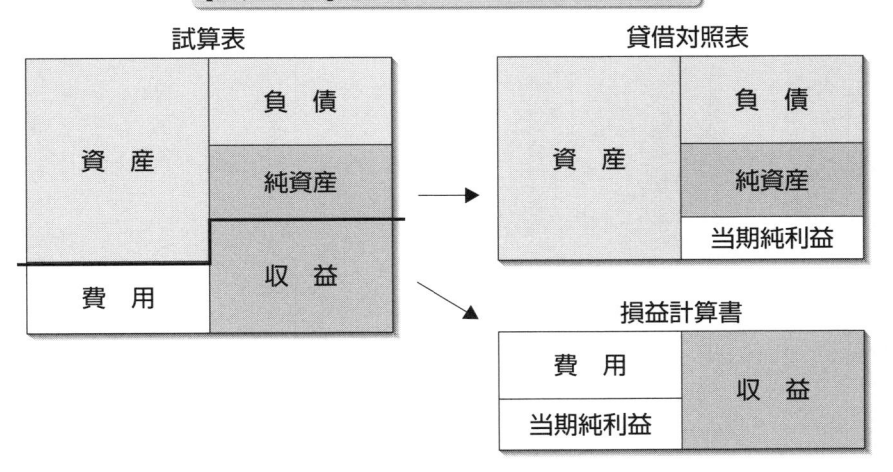

試算表		貸借対照表	
資 産	負 債	資 産	負 債
	純資産		純資産
			当期純利益
費 用	収 益		

損益計算書

費 用	収 益
当期純利益	

山田運送㈱の試算表で財務諸表作成過程を示すと、次のようになります。

<table>
<tr><th colspan="4">試　算　表</th></tr>
<tr><td>現　　　　金</td><td>50万円</td><td>借　入　金</td><td>200万円</td><td rowspan="3">貸借対照表へ</td></tr>
<tr><td>当 座 預 金</td><td>400万円</td><td>未　払　金</td><td>100万円</td></tr>
<tr><td>土　　　　地</td><td>300万円</td><td>資　本　金</td><td>300万円</td></tr>
<tr><td>給 料 手 当</td><td>50万円</td><td>運 送 収 益</td><td>200万円</td><td>損益計算書へ</td></tr>
<tr><td>合　　計</td><td>800万円</td><td>合　　計</td><td>800万円</td><td></td></tr>
</table>

後は簡便法と同様に財務諸表を作成します。

練習問題 3 次の資料に基づいて、横浜運送の貸借対照表と損益計算書（勘定式）を作成しなさい（現在の試算表にその後の取引を加味して財務諸表を作成すること）。

《資料》

1　現在の試算表

横浜運送　　　　　　試　算　表　　　　　（単位：円）

現　　　金	21,950	借　入　金	5,000,000
当 座 預 金	386,400	未　払　金	2,500,000
建　　　物	2,500,000	資　本　金	5,000,000
車両運搬具	4,670,300	運 送 収 益	7,400,000
土　　　地	6,806,100	受 取 利 息	18,170
給 与 手 当	3,650,000		
燃　料　費	1,830,420		
支 払 利 息	53,000		
	19,918,170		19,918,170

2　その後の取引

① 得意先Ａ商事から運送収益500,000円が当座預金に振り込まれた。

② ガソリン代（燃料費に計上）を10,000円現金で支払った。

③ 手許現金300,000円を当座預金から引き出した。

④ 銀行から2,000,000円を追加借り入れし、資金は当座預金に預け入れた。

⑤ 当座預金から借入利息27,000円が引き落とされた。

⑥ 未払金のうち、1,000,000円を小切手を振り出して支払った。

⑦ 当月分給与850,000円を小切手を振り出して支払った。

※　解答は巻末にあります。

第4章
さあ財務諸表を作ってみよう
(PART Ⅱ)

STEP 1 **現金預金**
STEP 2 **商品売買**
STEP 3 **売掛金と買掛金**
STEP 4 **受取手形と支払手形**
STEP 5 **その他の債権・債務**
STEP 6 **有価証券**
STEP 7 **固定資産**
STEP 8 **財務諸表の作成**

Keypoint

仕訳のパターン
1 現金預金
2 商品売買
3 売掛金と買掛金
4 受取手形と支払手形
5 その他の債権・債務
6 有価証券
7 固定資産
8 財務諸表の作成

STEP 1 現金預金

1 現金過不足の処理

　現金は、ときどき記帳誤りや記帳漏れ、現金紛失などの原因で、その帳簿残高（現金勘定の残高）と実際の残高（手許有高）が一致しないことがあります。これを**現金過不足**といいます。

　現金過不足が生じたときは、当然その原因を明らかにしなければなりません。しかし、その原因はただちにわかるとは限りませんから、とりあえず現金過不足勘定を設けて処理します。そして、後日その原因が判明した時点で、正しい勘定へ振り替えます。

仕訳例

《仕訳例1》　現金の実際残高が帳簿残高より50,000円不足していたが、その原因は不明であった。
(借)現金過不足　　50,000　(貸)現　　　金　　50,000

仕訳例

《仕訳例2》　先日の現金不足額50,000円は、電話料（通信費）支払を記帳していなかったことが原因であった。
(借)通　信　費　　50,000　(貸)現金過不足　　50,000

　現金過不足額を現金過不足勘定に計上したものの、決算までにその原

因が判明しなかった場合には、その金額を雑損勘定または雑益勘定に振り替えます。

仕訳例

《仕訳例3》 現金過不足勘定の借方残高20,000円があったが、決算時までにその原因は判明しなかった。
(借)雑　　　損　　20,000　(貸)現金過不足　　20,000

2 小口現金の処理

　企業では現金の出入れが頻繁に行われます。電気代、交通費、消耗品購入代等、各部署における支出を考えてもたくさんあります。そこで、企業によっては、各部署で日常頻繁に生じる各種の少額の現金支払に充てるため、その部署の小口現金係に一定の現金を前渡しし、一定期間ごとに支払明細の報告を受けて、まとめて会計処理および資金の補充を行う方法がとられることがあります。このように前渡しされた現金を**小口現金**といいます。

仕訳例

《仕訳例4》 営業部に小口現金100,000円を前渡しした。
(借)小 口 現 金　100,000　(貸)現　　　金　100,000

仕訳例

《仕訳例5》 月末に営業部の担当者から次のような報告があったので、ただちに現金を補給した。

| 通　信　費 | 28,600円、 | 水道光熱費 | 15,900円 |
| 旅費交通費 | 11,300円、 | 雑　　　費 | 9,700円 |

(借)通　信　費　　28,600　　(貸)現　　　金　　65,500
　　水道光熱費　　15,900
　　旅費交通費　　11,300
　　雑　　　費　　 9,700

③ 預　金

簿記上の現金預金とは、現金と預金のことで、預金には、【図表4－1】のようないろいろな種類があります。

仕訳においては、その預金の内容を示す勘定科目が使用されます。

仕訳例

《仕訳例6》 取引銀行に現金100万円を預け入れ、当座預金口座を開設した。
(借)当 座 預 金　1,000,000　(貸)現　　　金　1,000,000

④ 小切手の振出し

前述のように、当座預金は、小切手や手形を利用するための預金口座です。当座預金が開設され、振り出した小切手が決済されるまでの流れを示すと、【図表4－2】のようになります。

【図表 4 - 1】預金の種類

当座預金……金融機関との当座取引契約に基づく無利息の預金で、預金の引出しには小切手または手形を振り出す。手形・小切手を利用するための預金。

普通預金……金融機関との普通預金契約に基づく預金で、低利ではあるものの出入れ自由の預金。

通知預金……預入れ後最低7日間据え置き、引き出す際には少なくとも2日前に通知することになっている預金。主に企業の一時的な余資運用や個人の不動産取引代金・退職金等の一時的な資金運用に活用されている。

定期預金……原則として一定の契約期間にわたり払戻し請求ができない預金。普通預金や通知預金と比べて利率は高い。

定期積金……定期的に掛金を払い込み、満期日にまとまった資金（給付金）を受け取れる積立型の預金。掛金の決定方式は、大きく分けて、目標式（満期日に受け取る給付金額を決めて一定の金額を積み立てる方式）と定額式（一定の掛金を決めて積み立てる方式）の2つがある。

納税準備預金……納税用の資金を預け入れる預金。一般的に利率は普通預金より高く、また納税のために預け入れるため利子は非課税となっている。預入れはいつでも可能であるが、引出しは原則として納税に充てるときに限られる。

別段預金……銀行業務に該当しない現金を受け入れた際に、一時的にお金を保管しておくための便宜上の預金。たとえば、株式払込金、歳入金、寄付金、内国為替の送金資金などの、他の預金科目での取扱いが適当でないものは、別段預金として処理される。

郵便貯金……ゆうちょ銀行との間の郵便貯金契約に基づく貯金で、通常郵便貯金、積立郵便貯金、定額郵便貯金、定期郵便貯金などがある。

【図表4-2】当座預金と小切手

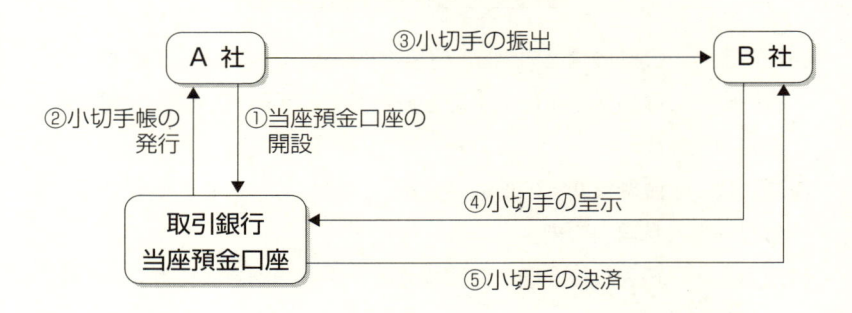

①当座預金口座の開設
②小切手帳の発行
③小切手の振出
④小切手の呈示
⑤小切手の決済

【図表4-3】小切手

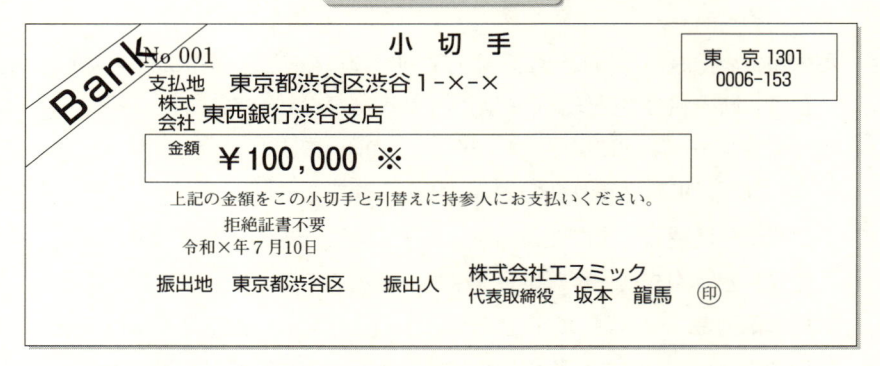

```
No 001                小 切 手           東 京 1301
支払地  東京都渋谷区渋谷1-×-×          0006-153
株式
会社 東西銀行渋谷支店
金額 ¥100,000 ※

上記の金額をこの小切手と引替えに持参人にお支払いください。
       拒絶証書不要
    令和×年7月10日
                          株式会社エスミック
振出地  東京都渋谷区   振出人  代表取締役 坂本 龍馬 ㊞
```

　小切手を振り出すと、最終的には企業の当座預金口座からその金額が引き落とされることになりますから、小切手を振り出した時点で当座預金勘定を減少させます。

仕訳例

《仕訳例7》　備品300,000円を購入し、代金は小切手を振り出して支払った。

(借)備　　　品　　300,000　　(貸)当 座 預 金　　300,000

5 小切手の受取

　小切手を振り出したときは当座預金勘定を減少させますが、小切手を受け取ったときは当座預金勘定を増加させるわけではありません。なぜならば、受け取った小切手は必ずしも当座預金に入金されるとは限らず、当座預金以外の預金口座に入金されたり、あるいはそのまま金庫に保管されるかもしれないからです。したがって、小切手を受け取った場合には、原則として現金勘定で処理します。

――仕訳例――
《仕訳例8》　運送収益30,000円を小切手で受け取った。
（借）現　　　金　　30,000　（貸）運 送 収 益　　30,000

6 当座借越

　原則として、小切手は当座預金残高の範囲内で振り出すことができます。もし、当座預金口座に50万円しかないのに、60万円の小切手を振り出し、相手先がその小切手を取り立てに出してしまえば、当然取引銀行はこの小切手の支払を行いません。この状態を「小切手の不渡り」といいます。6か月以内に不渡りを二度出すと、「銀行取引停止」処分を受け、金融機関との当座取引、貸出取引が2年間できなくなって、その企業は実質的に倒産してしまいます。しかし、銀行との間にあらかじめ当座借越契約（銀行からみると当座貸越契約）を結んでおけば、借越限度額まで当座預金の残高を超えて小切手を振り出すことができます。要するに、銀行が当座預金の不足部分を貸し付けてくれるわけです。

　当座借越契約を結んでいる場合の会計処理には、次の2つの方法があ

ります。
(1) 当座借越勘定を使用する方法

仕訳例

《仕訳例9》 備品300,000円を購入し、小切手を振り出した。ただし、本日の当座預金残高は250,000円で、取引銀行と500,000円の借越限度で当座借越契約を結んでいる。
(借)備　　　品　　300,000　(貸)当 座 預 金　　250,000
　　　　　　　　　　　　　　　　当 座 借 越　　 50,000

仕訳例

《仕訳例10》 その後当座預金に200,000円を預け入れた。
(借)当 座 借 越　　 50,000　(貸)現　　　金　　200,000
　　当 座 預 金　　150,000

決算時に当座借越勘定残高があれば、短期借入金勘定へ振り替えます。
(2) 当座勘定を使用する方法
当座預金勘定と当座借越勘定を合わせて当座勘定として使用します。

仕訳例

《仕訳例9》
(借)備　　　品　　300,000　(貸)当　　座　　300,000

仕訳例

《仕訳例10》
(借)当　　座　　200,000　(貸)現　　　金　　200,000

決算時に当座勘定の借方残高があれば当座預金勘定へ、貸方残高があれば短期借入金勘定へ振り替えます。

STEP 2 商品売買

1 商品勘定

　簿記上の商品とは、仕入れてそのまま何の加工も加えることなく販売するもので、材料を仕入れてそれに加工を加えた製品と区別されます。商品を購入したときは、お金の使いみちですから、商品勘定（資産）の借方に計上します。

仕訳例

《仕訳例11》　商品100,000円を現金購入した。
(借)商　　　品　　100,000　(貸)現　　　金　　100,000

　資産は回収されるまでのお金の使いみちでした。したがって、商品勘定に計上されているのは、この商品が販売されるまでの間ということになります。
　たとえば、《仕訳例11》の商品（仕入原価100,000円）のうちの40％が70,000円で現金売上されたとしましょう。このときの「**売上げた商品の仕入原価**」すなわち売上原価は、100,000円×40％＝40,000円です。つまり、40,000円で仕入れてきた商品を70,000円で販売し、差額30,000円の利益が生じたわけです。さて、このときの会計処理はどのようになるのでしょうか？
　まず、商品を販売することによってお客様から入金した売上代金の

70,000円はもらいっぱなしのお金ですから、得か損かを考えれば得になります。得をするということは純資産が増加し、純資産が増加するということは収益の計上として取り扱われます。この場合の収益は「売上」と処理します。

一方、売り上げた商品の仕入原価40,000円はお客様よりその代金を回収していますから、資産ではなくなります。資産でなくなったら、何になるかといえば、これは売上という収益に対応する犠牲、すなわち費用になります。この費用には「売上原価」という勘定科目を使用します。つまり、売上原価を計上する仕訳では、資産としての商品が減少し、費用としての売上原価が増加する（計上される）処理を行います。

【図表4-4】商品売買損益の計算

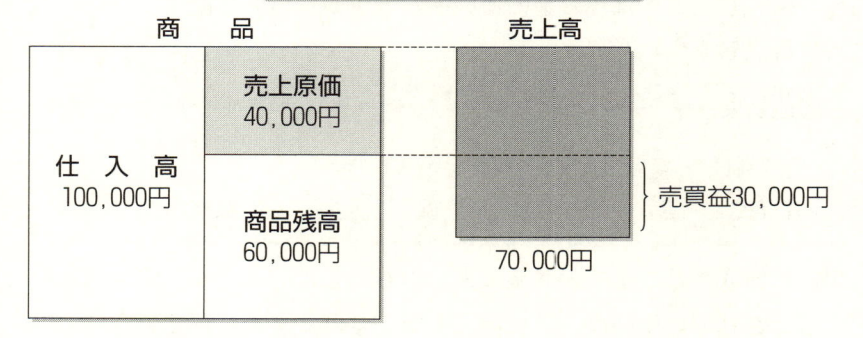

```
商　　品                    売上高
┌─────┬─────────┐    ┌─────────┐
│     │ 売上原価 │    │         │
│     │ 40,000円 │    │         │
│仕入高│─────────│    │         │ 売買益30,000円
│100,000円│        │    │ 70,000円 │
│     │ 商品残高 │    │         │
│     │ 60,000円 │    │         │
└─────┴─────────┘    └─────────┘
```

仕訳例

《仕訳例12》　仕入原価40,000円の商品を70,000円で現金販売した。
(借)現　　　金　　70,000　　(貸)売　　　上　　70,000
　　売 上 原 価　　40,000　　　　商　　　品　　40,000

このように、商品を販売した場合には、仕訳のうえで売上高と売上原価が明らかになるようにするのが原則です。一般的には、次に示すような**分記法**は採用されていません。

《分記法による会計処理》

(借)現　　　　金　70,000　(貸)商　　　　品　40,000
　　　　　　　　　　　　　　　商品売却益　30,000

　後述するように、有価証券や固定資産はその売却損益を分記法によって会計処理するのですが、商品については売上と売上原価を両建てする方法（これを「**総記法**」といいます）によって仕訳を行います。これは、商品の売買は企業にとって本業ですから、いくらで仕入れた商品をいくらで販売したかという情報は、財務諸表を見る人にとって重要な項目となりますが、有価証券や固定資産の売却は本業外の取引ですので、いくら儲かったがわかればよいからです。

2 三分法

　前述したように、商品は仕入れて販売されるまでは商品勘定に計上しておき、実際に売り上げられた時点で売上原価勘定に振り替えるのが原則です。
　しかし、この方法（売り上げたときに商品と売上原価が常に対立するので、「**売上原価対立法**」といいます）には、欠点があります。それは、売上のつど商品から売上原価への振替仕訳を起こさなければならず、非常に煩雑であるということです。たとえば、1年のうちに1万回の商品販売があれば、1万回「(借)売上原価××　(貸)商品××」という仕訳を作成する必要があります。人間は怠け者ですから、できればこのような面倒くさいことは避けたいと思うのが普通です。そこで考え出されたのが「**三分法**」です。
　三分法では、次のように会計処理を行います。
　この方法は、次ページのように「仕入」、「売上」、「繰越商品」の3つの勘定科目を使用して商品売買損益を算出する方法であるため、「三分

【図表4-5】三分法の会計処理

① 商品を購入したとき
(借)仕　　　　入 ××　　(貸)現　　　　金 ××
② 商品を販売したとき
(借)現　　　　金 ××　　(貸)売　　　　上 ××
③ 期首在庫（前期末に売れ残った商品）があるとき
(借)仕　　　　入 ××　　(貸)繰　越　商　品 ××
④ 期末在庫（当期末に売れ残った商品）があるとき
(借)繰　越　商　品 ××　　(貸)仕　　　　入 ××

法」といわれています。ここにおける「仕入」は、「売上原価」を示しています。それなら最初から「売上原価勘定」を用いれば良さそうなものですが、従来からの慣行で仕入勘定を用います。まあ、今後仕入勘定が出てきたら、心の中で「仕入勘定」と読んでください。また、期末在庫についても「繰越商品勘定」を用いて仕訳を行います。これも商品勘定ではなく、繰越商品勘定です。これについては、さらにややこしいことに、貸借対照表の表示は「商品」となります。ついでに言えば、仕訳では「売上」という勘定科目を用いますが、損益計算書では「売上高」と表示します。ここまでくると「オタク」の世界ですね。

さて、売上原価対立法が煩雑であったのに対して、三分法は煩雑ではないということを示すために、次の例を検討してもらいます。バカにしないでお付き合いください。

> （例）最初に菓子箱の中にキャンデーが10個入っていた。子だくさんのお母さんはこれでは足りないと思い、お菓子屋からキャンデーを30個買ってきた。そのあと、子供たちに次のようにキャンデーを渡した。
> 　一郎へ8個、二郎へ7個、三郎へ4個、四郎へ6個、五郎へ10個

さて、ここで問題です。子供たちに渡したキャンデーは全部で何個でしょうか？

「こんな小学校の算数をやってどうなるんだ！」と怒る人がいるかもしれませんが、もうちょっと待ってください。実はこれが三分法のポイントを理解するうえで重要なことなのです。

この例のキャンデー引渡数を求める方法は2通りあります。ひとつは、子供たちに渡したキャンデーの数をいちいち合計する方法です。

一郎8個＋二郎7個＋三郎4個＋四郎6個＋五郎10個＝35個

と求められます。しかし、この方法はキャンデーを渡すたびに何個渡したかをメモしておかなければならず、ちょっと面倒です。

もうひとつの方法は、子供達にキャンデーを渡した後にキャンデーが何個残っているかを確認する方法です。お菓子箱の中には5個キャンデーが残っています。これは子供達にキャンデーを渡し終わった後、お菓子箱の中身を確認すればわかります。それならば、次の計算でキャンデーの引渡数を算出することができます。

引渡数＝最初にあった数10個＋購入数30個－残っていた数5個
　　　＝35個

どうですか、この方法ならば子供が100人いても引渡数を求めるのは

STEP2　商品売買

簡単です。

　三分法の場合も2番目の方法と同様に、期中の商品払出金額がわからなくとも、期首商品棚卸高（期首にあった商品の金額）と当期商品仕入高そして期末商品棚卸高がわかれば、簡単に売上原価を算出することができるのです。

仕訳例

《仕訳例13》　商品100,000円を現金仕入した。
（借）仕　　　入　　100,000　（貸）現　　　金　　100,000

仕訳例

《仕訳例14》　仕入原価40,000円の商品を70,000円で現金販売した。
（借）現　　　金　　70,000　（貸）売　　　上　　70,000

仕訳例

《仕訳例15》　期末商品在庫は60,000円だった。
（借）繰　越　商　品　　60,000　（貸）仕　　　入　　60,000

　《仕訳例11》（P.75）と《仕訳例12》（P.76）の売上原価対立法と《仕訳例13》〜《仕訳例15》の三分法とで、それぞれの総勘定元帳の記入を行ってみます。

(1)　売上原価対立法

商　品

《仕訳例11》現　　金	100,000	《仕訳例12》売上原価	40,000
		期末残高	60,000
	100,000		100,000

売 上 原 価

| 《仕訳例12》 商　　品 | 40,000 | 期 末 残 高 | 40,000 |

売　　　　　上

| 期 末 残 高 | 70,000 | 《仕訳例12》 現　　金 | 70,000 |

(2) 三分法

繰 越 商 品

| 《仕訳例15》 仕　　入 | 60,000 | 期 末 残 高 | 60,000 |

仕　　　　　入

《仕訳例13》 現　　金	100,000	《仕訳例15》 繰 越 商 品	60,000
		期 末 残 高	40,000
	100,000		100,000

売　　　　　上

| 期 末 残 高 | 70,000 | 《仕訳例14》 現　　金 | 70,000 |

　このように、どちらの方法をとっても、商品（繰越商品）：60,000円、売上原価（仕入）：40,000円、売上：70,000円と勘定残高は同じになります。どうせ結果が同じならば、簡単なほうがいいので、実務では一部例外を除いて、商品売買損益の計算には三分法が採用されています。以下、商品売買取引はすべて三分法で会計処理を行います。

③ 商品売買諸費用の取扱い

(1) 仕入諸掛

　商品を仕入れる場合に、買主が負担した引取運賃や関税、保険料など

の諸経費（これらを「仕入諸掛」といいます）は、仕入原価の中に含めます。

(2) 売上諸掛

商品を販売する場合に、売主が負担した荷造費、運賃、保険料などの諸経費（これを「売上諸掛」といいます）は、売主側の費用となり、発送費勘定などで処理します。

なお、本来は買主の負担となる諸経費を売主が立替払いした場合には、後述する売掛金勘定か立替金勘定で処理します。

--- 仕訳例 ---

《仕訳例16》 商品100,000円を現金仕入したが、引き取る際に引取運賃10,000円を負担し、合わせて110,000円を支払った。
(借)仕　　　入　　110,000　(貸)現　　　金　　110,000

4 値引き・返品の取扱い

値引きは、商品の不良や汚損などの理由により、その売買金額を引き下げた場合を指し、返品とは商品を仕入先に返却することをいいます。

いずれの場合にも、売上高または仕入高が減少しますので、売上または仕入から控除します。

--- 仕訳例 ---

《仕訳例17》 先日現金仕入した商品のうち、20,000円分については品質不良のため、返品した。仕入先はただちに現金を当社に返却した。
(借)現　　　金　　20,000　(貸)仕　　　入　　20,000

5 商品有高帳

商品有高帳は、商品の受払数量・金額と残高数量・金額を把握するために作成される補助簿（補助元帳）で、商品の種類ごとに作成されます。要するに商品の種類別の増減・残高内訳を示した表です。

商品有高帳の様式は、【図表4-6】のとおりです。

【図表4-6】商品有高帳

商品有高帳
(移動平均法)　　　商品名：×××　　　　　　（単位：個、円）

日付		摘要	受入			払出			残高		
			数量	単価	金額	数量	単価	金額	数量	単価	金額
4	1	前期繰越	10	10,000	100,000				10	10,000	100,000
	8	仕入	15	11,000	165,000				25	10,600	265,000
	12	売上				20	10,600	212,000	5	10,600	53,000
	20	仕入	15	12,000	180,000				20	11,650	233,000
	25	売上				12	11,650	139,800	8	11,650	93,200
	30	次月繰越				8	11,650	93,200			
			40		445,000	40		445,000			
5	1	前月繰越	8	11,650	93,200				8	11,650	93,200

このように、商品有高帳は商品ごとに受払・残高の数量・金額をタイムリーに把握できますから、在庫管理に役立ちますし、最終的には損益計算書に記載される売上原価の算定基礎として利用します。ただし、期末の実際数量と商品有高帳の数量（これを帳簿数量といいます）が異なることがあり、この差については後述する決算整理仕訳で修正が必要になります。

また、【図表4-6】で示した商品のように、仕入単価が異なる場合

には、どの商品を払い出したかを特定しないと売上原価を計算することができません。そこで、払い出した商品と期末在庫の仕入原価を算定する方法として、先入先出法、後入先出法、総平均法、移動平均法などが考えられるのですが、これらについては次章で説明します。

STEP 3 売掛金と買掛金

1 掛取引とは

　企業は継続的に商品等を売買する際に、いつも現金取引をしているわけではありません。たとえば、1か月間の取引はツケで行い、その代金をまとめて請求して決済するという方法が通常です。このようなツケで行われる取引を「掛取引」といいます。

　もちろん、売主の企業から見れば、買主に信用がなければ簡単に掛取引に応じるわけにはいきませんが、相手にある程度の信用があれば、与信限度（いくらまでツケをきかせてくれるか）と、入金（支払）条件（いつまでのツケをいつどのようにして回収する（支払う）のか）を決めて掛取引が開始されます。

　この掛取引では、商品を販売してからその代金を回収するまで、売主は買主に対して債権を持つことになります。いわば本業遂行上の債権です。この本業における債権を「**売掛金（うりかけきん）**」、本業における債務を「**買掛金（かいかけきん）**」といいます。

2 掛取引の会計処理

　掛取引を行えば、売主には売掛金、買主には買掛金が計上されることになります。

仕訳例

《仕訳例18》 田中商店は佐藤商事にA商品を300,000円掛で販売した。
(1) 田中商店（売主）の会計処理
(借)売　掛　金　　300,000　（貸)売　　　　上　　300,000
(2) 佐藤商事（買主）の会計処理
(借)仕　　　　入　　300,000　（貸)買　掛　金　　300,000

仕訳例

《仕訳例19》 翌月田中商店は佐藤商事に掛売上代金300,000円を請求し、佐藤商事は小切手を振り出して支払った。
(1) 田中商店（売主）の会計処理
(借)現　　　　金　　300,000　（貸)売　掛　金　　300,000
(2) 佐藤商事（買主）の会計処理
(借)買　掛　金　　300,000　（貸)当 座 預 金　　300,000

なお、前述のように商品を発送するにあたって、本来ならば買主が負担すべき発送費などを売主が負担した場合には、その金額を売掛金に含めて計上するか、あるいは後述する立替金勘定に計上します。

3 値引き・返品の取扱い

前章で触れたように、値引きや返品があった場合には売上・仕入金額を減額するのですが、これは掛取引の場合も同様です。

仕訳例

《仕訳例20》 佐藤商事は、田中商店より仕入れた商品に欠陥があったため、100,000円分の商品を返品した。
(1) 田中商店（売主）の会計処理
(借)売　　　上　　100,000　（貸)売　掛　金　　100,000
(2) 佐藤商事（買主）の会計処理
(借)買　掛　金　　100,000　（貸)仕　　　入　　100,000

4 得意先元帳と仕入先元帳

売掛金や買掛金は企業規模が大きくなると、総勘定元帳の記入だけでは管理することができなくなります。たとえば、商品の販売先（これを得意先といいます）に対して売上代金を請求するときに、請求締日現在で売掛金残高がいくらあるか把握できなければ、請求書を作成することもできません。

そこで、通常は売掛金の総勘定元帳の補助簿として、得意先ごとの売掛金の増減・残高を管理する「得意先元帳（または売掛金元帳）」が作成されます。逆に、買掛金のほうは「仕入先元帳（または買掛金元帳）」によって仕入先ごとの買掛金の増減・残高を管理します。

【図表4-7】得意先元帳と仕入先元帳

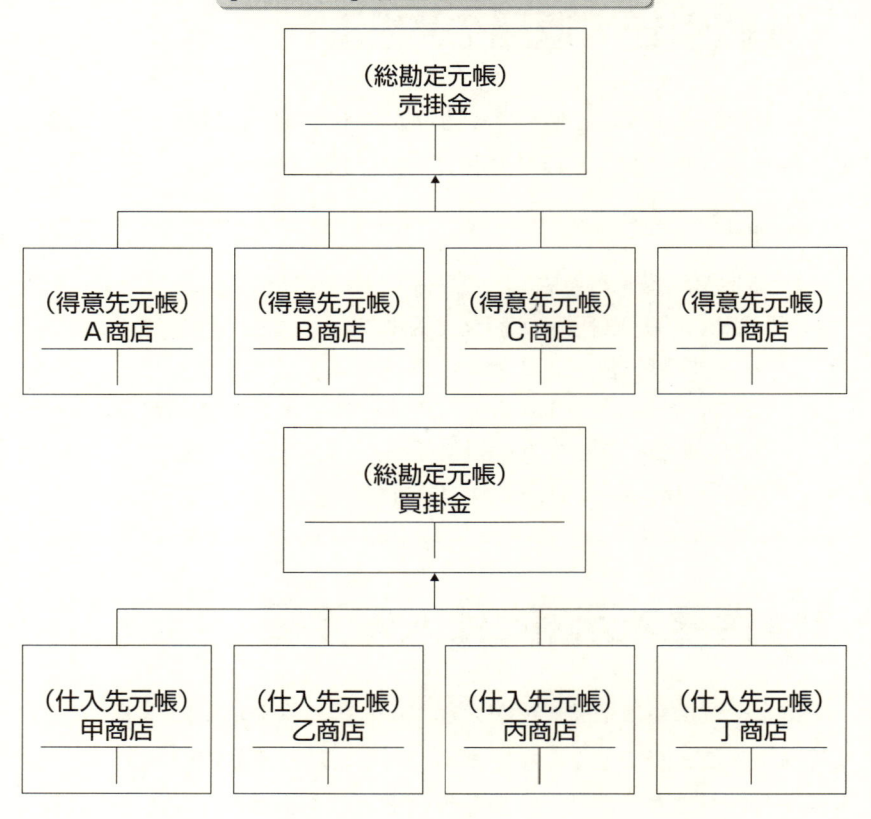

```
                    (総勘定元帳)
                      売掛金
    ┌──────────┬──────────┼──────────┬──────────┐
(得意先元帳)  (得意先元帳)  (得意先元帳)  (得意先元帳)
  A商店        B商店        C商店        D商店

                    (総勘定元帳)
                      買掛金
    ┌──────────┬──────────┼──────────┬──────────┐
(仕入先元帳)  (仕入先元帳)  (仕入先元帳)  (仕入先元帳)
  甲商店       乙商店       丙商店       丁商店
```

【図表4-8】得意先元帳の様式

得意先元帳
木村商店

日付		摘　　要	借　方	貸　方	借/貸	残　高
4	1	前期繰越	350,000		借	350,000
	5	A商品10個分掛売	200,000		〃	550,000
	15	3月分当座入金		300,000	〃	250,000

5 貸倒れの会計処理

　売掛金は常にその全額がスムーズに回収できるとは限りません。得意先が倒産して夜逃げをしたということになると、残念ながら売掛金の回収をあきらめざるをえなくなります。このように、売掛金や受取手形・貸付金などの債権が回収不能になることを**貸倒れ**といいます。

　たとえば、売掛金が貸倒れになったときは、次章で説明する貸倒引当金が設定してある場合を除き、その全額を**貸倒損失**という費用に計上し、売掛金を同額減少させます。

仕訳例

《仕訳例21》　得意先の中村商店が倒産し、同店に対する売掛金50,000円が回収不能となった。

(借)貸 倒 損 失　　50,000　　(貸)売　掛　金　　50,000

STEP 4 受取手形と支払手形

1 約束手形の会計処理

　手形には**約束手形**と**為替手形**の2種類があります。約束手形は二者間の債権・債務の決済などに使用され、為替手形は三者間の決済などに使用されます。

　約束手形は【図表4-9】に示した様式になっています。

【図表4-9】約束手形

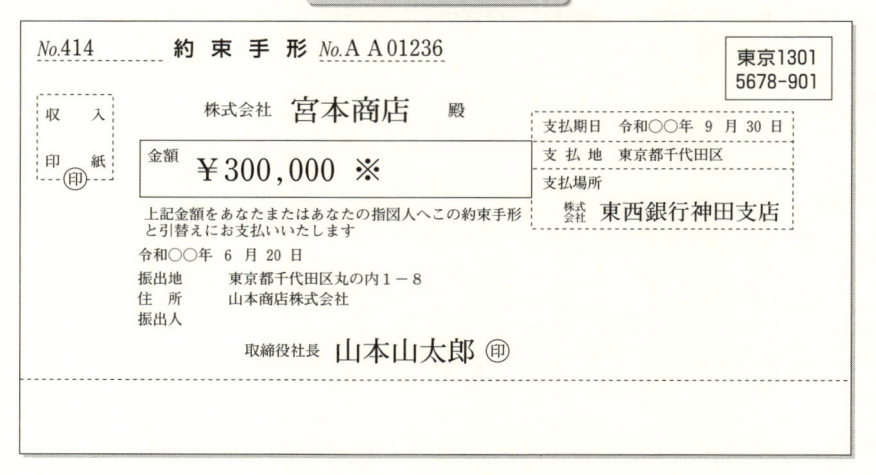

```
No.414          約 束 手 形   No.A A 01236           東京1301
                                                    5678-901
 収 入      株式会社  宮本商店   殿    支払期日  令和○○年 9 月 30 日
 印 紙                                支 払 地  東京都千代田区
   ㊞       金額  ￥300,000 ※        支払場所
                                     株式
         上記金額をあなたまたはあなたの指図人へこの約束手形  会社 東西銀行神田支店
         と引替えにお支払いいたします
         令和○○年 6 月 20 日
         振出地    東京都千代田区丸の内1-8
         住  所   山本商店株式会社
         振出人
                 取締役社長  山本山太郎 ㊞
```

　約束手形は、商品仕入代金等の支払のために、手形の振出人が手形の受取人（名宛人）に対し、支払期日に手形代金を支払うことを約束した

証券です。約束手形が決済されるまでの流れを示すと、次のようになります。

【図表4-10】約束手形の仕組み

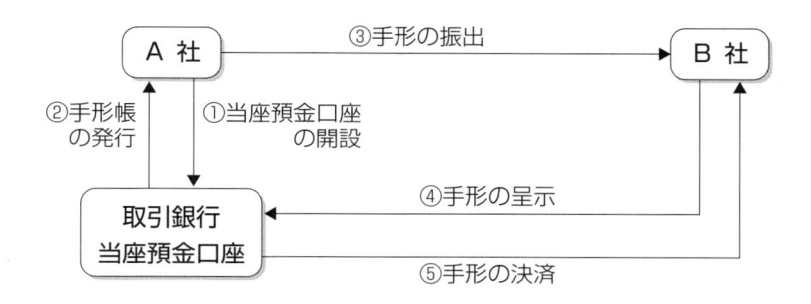

```
    A 社  ───③手形の振出───→  B 社
     ↑  ↓
②手形帳  ①当座預金口座
 の発行   の開設
     ↓  ↑
   取引銀行  ←───④手形の呈示───
   当座預金口座
          ───⑤手形の決済───
```

約束手形については、次のように会計処理が行われます。

仕訳例

《仕訳例22》 宮本商店は、山本商店から売掛金の回収のために約束手形300,000円を回収した。
(1) 宮本商店の会計処理
(借)受 取 手 形　300,000　(貸)売 掛 金　300,000
(2) 山本商店の会計処理
(借)買 掛 金　300,000　(貸)支 払 手 形　300,000

手形が支払期日になって決済された時点で手形債権と債務は消滅します。

> **仕訳例**
>
> 《仕訳例23》 宮本商店に、取引銀行から、《仕訳例22》の手形が期日を迎え、当座預金に入金があった旨の連絡があった。
> (1) 宮本商店の会計処理
> (借)当 座 預 金　300,000　(貸)受 取 手 形　300,000
> (2) 山本商店の会計処理
> (借)支 払 手 形　300,000　(貸)当 座 預 金　300,000

② 為替手形の会計処理

　為替手形とは、振出人が名宛人（支払人）に対して、支払期日に指図人（受取人）への支払を依頼する証券です。
　これではわかりにくいので、もう少し具体的に説明しましょう。たとえば、丸山商店は大川商事に商品を掛売し、その売掛金が500,000円あります。一方で、丸山商店は西山物産から商品を仕入れており、その買

【図表4-11】為替手形の仕組み

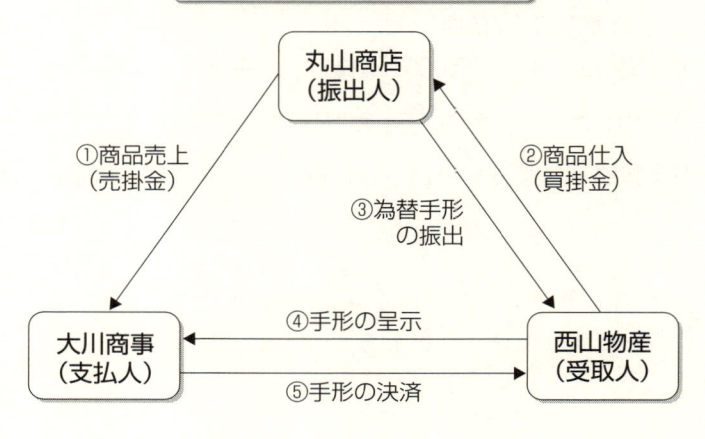

```
           丸山商店
           (振出人)
          /        \
 ①商品売上         ②商品仕入
  (売掛金)          (買掛金)
    /    ③為替手形      \
   /       の振出         \
  ↓                        ↓
大川商事 ←―④手形の呈示―― 西山物産
(支払人) ――⑤手形の決済→ (受取人)
```

【図表 4-12】為替手形

```
No.101              為 替 手 形   No.A 01211
          支払人(引受人名)
          東京都中央区日本橋本石町 3 - 8
 収 入      株式会社 大 川 商 事  殿        支払期日  令和○○年 9 月 10 日
 印 紙    金額                          支 払 地  東京都中央区
  ㊞      ￥500,000 ※              支払場所
                                          株式
         (受取人) 西山物産株式会社 殿またはその指図人へこの為替手形と
                                会社  東西銀行日本橋支店
                   引替えに上記金額をお支払いください
         令和○○年 7 月 10 日         拒絶証書不要   引受  令和○○年 7 月 12 日
         振出地                              東京都中央区日本橋本石町 3 - 8
         住 所   東京都千代田区丸の内 1 - 3
         振出人   丸山商店株式会社                株式会社 大 川 商 事
                 代表取締役 丸 山 一 郎 ㊞     取締役社長 大 川 橋 三 郎 ㊞  用紙交付
                                                                        東西銀行
```

掛金も500,000円あります。この売掛金と買掛金を決済するために、丸山商店は大川商事から手形を受け取り、西山物産に手形を振り出してもいいのですが、そのようなことをしなくとも、西山物産に為替手形を渡し、「大川商事にはうちに対する債務が500,000円あるから、うちから500,000円を回収する代わりに大川商事から回収してくれ」と頼めば、売掛金の回収と買掛金の支払を同時に行うことができます。

そこで、丸山商店が上記のような為替手形を振り出します。そして、大川商事がこれを引き受けて期日になれば500,000円が大川商事の当座預金口座から西山物産に支払われることになります。

為替手形を振り出した丸山商店の会計処理では大川商事の売掛金と西山物産の買掛金が相殺されるだけで、受取手形も支払手形も登場しません。

仕訳例

《仕訳例24》 丸山商店は西山物産から商品500,000円を仕入れ、代金は売掛金のある得意先大川商事宛の為替手形を振り出し、大川商事の引受を得て西山物産に渡して支払った。
(1) 丸山商店の会計処理
(借)買掛金(西山物産) 500,000　(貸)売掛金(大川商事) 500,000
(2) 西山物産の会計処理
(借)受取手形　500,000　(貸)売掛金(丸山商店) 500,000
(3) 大川商事の会計処理
(借)買掛金(丸山商店)　500,000　(貸)支払手形　500,000

③ 手形の裏書・割引

(1) 手形の裏書譲渡

　手形は原則として期日まで保管し、期日直前になったら銀行を通じて取立に出して入金する(これを期日取立といいます)のですが、期日前に手形を第三者に譲り渡すこともできます。

　この場合には、手形の裏面に、手形の譲受人の氏名などの必要な事項を記入し、記名・押印して譲受人に渡しますので、手形の**裏書譲渡**といいます(【図表4-13】参照)。

　この図で説明すれば、B社はC社に対する債務を支払うために、自ら手形を振り出す代わりに、A社から受け取った手形を裏書譲渡してC社に渡すことができます。このように他から受け取った手形を、お中元のたらい回しのように相手に渡しますから、裏書譲渡手形は別名「**回し手形**」ともいいます。

　手形の裏書譲渡の場合には、譲受人に手形を渡した時点で手形債権が

【図表4-13】裏書譲渡手形の仕組み

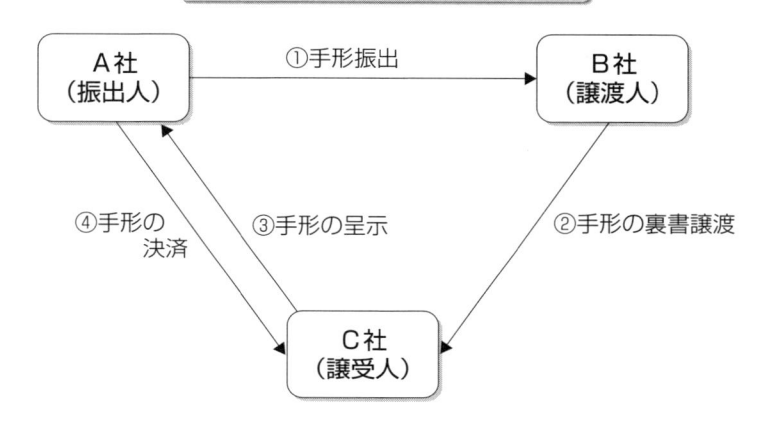

```
    A社 ──①手形振出──→  B社
  (振出人)                (譲渡人)
     ↑                      │
     │                      │
  ④手形の    ③手形の呈示   ②手形の裏書譲渡
    決済                    │
     │                      ↓
     └────── C社 ←──────────┘
          (譲受人)
```

消滅しますから、譲渡人側では受取手形勘定の貸方に記入し、譲受人側では受取手形勘定の借方に記入します。

仕訳例

《仕訳例25》 高橋商店は、清水商事の買掛金200,000円を支払うため、鈴木物産から受け取った手形を裏書譲渡した。
(1) 高橋商店の会計処理
(借)買　掛　金　　200,000　(貸)受 取 手 形　　200,000
(2) 清水商事
(借)受 取 手 形　　200,000　(貸)売　掛　金　　200,000

ただし、上記の例で、仮に清水商事が期日になって手形を取立に出したところ、振出人の鈴木物産が倒産して手形を決済できなかった（これを「**手形の不渡り**」といいます）場合には、高橋商店は鈴木物産に代わって清水商事に手形代金を支払わなければならない義務が生じます。このように、現在は債務ではないが、将来一定の事実が発生した場合に債

【図表4-14】手形の裏面

```
表記金額を下記被裏書人またはその指図人へお支払いください
   令和○○年8月10日                    拒絶証書不要
   住所   東京都台東区三ノ輪2-8
         巨人物産株式会社
              代表取締役  巨 人 一 郎 ㊞
(目的)
──────────────────────────────
被裏書人  中日商事株式会社　殿
──────────────────────────────
表記金額を下記被裏書人またはその指図人へお支払いください
   令和○○年8月15日                    拒絶証書不要
   住所   東京都千代田区丸の内1-1
         中日商事株式会社
              代表取締役  中 日 二 郎 ㊞
(目的)
──────────────────────────────
被裏書人  横浜物流株式会社　殿
──────────────────────────────
表記金額を下記被裏書人またはその指図人へお支払いください
   令和○○年8月22日                    拒絶証書不要
   住所   東京都中野区本町通3-2
         横浜物流株式会社
              代表取締役  横 浜 三 郎 ㊞
(目的)
──────────────────────────────
被裏書人  広島化成株式会社　殿
──────────────────────────────
表記金額を下記被裏書人またはその指図人へお支払いください
   令和○○年8月30日                    拒絶証書不要
   住所   東京都千代田区神田小川町2-1
         広島化成株式会社
              代表取締役  広 島 四 郎 ㊞
(目的)
──────────────────────────────
被裏書人  株式会社阪神販売　殿
──────────────────────────────
表記金額を受取りました
   令和　年　月　日
   住所
```

【図表4-15】裏書譲渡手形の注記

貸借対照表

受　取　手　形	300万円

(注)　裏書譲渡手形　100万円

第4章　さあ財務諸表を作ってみよう(PARTⅡ)

務となるものを**偶発債務**といいます。偶発債務の残高は、財務諸表に注記しなければなりません（具体的には個別注記表に記載されます）。

(2) 手形の割引

期日前に資金が必要になった場合には、手形を取引銀行などの金融機関に裏書譲渡して資金の融通を受けることができます。この場合、金融機関は割引料という金利相当額を差し引き、残額を支払ってくれます。手形の額面金額よりも少ない金額、すなわち割り引かれた金額が入金されますので、この取引を**手形の割引**といいます。

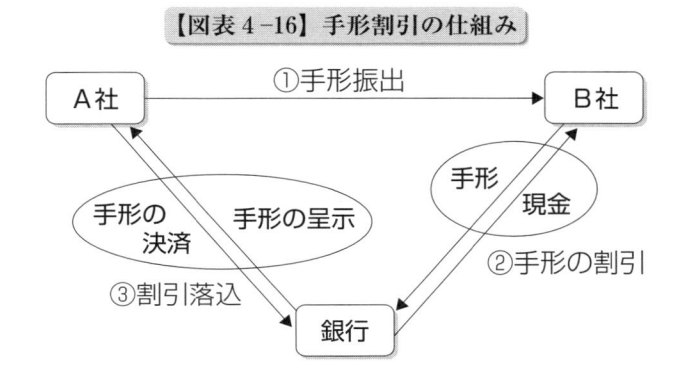

【図表 4-16】 手形割引の仕組み

手形を割り引いたときの仕訳は次のとおりです。

─── 仕訳例 ───

《仕訳例26》 大野商店は、川崎商店から受け取った約束手形400,000円を、取引銀行で割り引いた。その際割引料10,000円を差し引かれ、手取金は当座預金に入金した。
(借)当 座 預 金　　390,000　(貸)受 取 手 形　　400,000
　　手形売却損　　 10,000

なお、割引手形も裏書譲渡手形同様、振出人がその手形を決済してくれず、不渡りになれば、割引人は代わってその手形代金を支払わなければなりませんので、割引手形が期日決済されるまでは、偶発債務として財務諸表にその残高を注記することになっています。

4 不渡手形

　手形期日に手形支払人から支払を拒絶されることを手形の不渡りといいます。手形が不渡りになれば手形債権は消滅しますが、本来の債権は残りますので、その手形が得意先からの裏書譲渡によって受け取ったものであれば、その裏書譲渡人である得意先に手形代金相当額を支払拒絶証書の作成費用や手形期日以降の法定利息等の諸経費を加えて請求することができます。この権利を**遡求権**といいます。会計処理上、遡求権は**不渡手形勘定**を使用します。

仕訳例

《仕訳例27》　近藤商店は、伊藤商事から裏書譲渡された約束手形300,000円が不渡りとなったため、伊藤商事に請求した。
(1)　近藤商店の会計処理
(借)不 渡 手 形　　300,000　(貸)受 取 手 形　　300,000
(2)　伊藤商事の会計処理
仕訳なし

> **仕訳例**
>
> 《仕訳例28》 伊藤商事は近藤商店からの遡求に応じ、法定利息500円とともに、現金で支払った。伊藤商事はこの手形の振出人である川崎不動産にさらに遡求した。
> (1) 近藤商店の会計処理
> (借)現　　　金　　300,500　(貸)不 渡 手 形　　300,000
> 　　　　　　　　　　　　　　　　受 取 利 息　　　　500
> (2) 伊藤商事の会計処理
> (借)不 渡 手 形　　300,500　(貸)現　　　金　　300,500

5 金融手形

借入証書の代わりに手形を差し入れて資金を借り入れることがあります。この場合に振り出される手形を**金融手形**といい、商品代金の決済等のために振り出される商業手形とは区別して取り扱われます。

金融手形の場合には、受取手形勘定や支払手形勘定を用いず、**手形貸付金勘定**と**手形借入金勘定**を使用します。

仕訳例

《仕訳例29》 渡辺商店は、得意先の茂野商事へ1,000,000円を貸し付け、同社振出の約束手形を受け取った。なお、利息50,000円を差し引いた金額は小切手を振り出して支払った。

(1) 渡辺商店の会計処理

(借)手形貸付金	1,000,000	(貸)当座預金	950,000
		受取利息	50,000

(2) 茂野商事の会計処理

(借)現　　金	950,000	(貸)手形借入金	1,000,000
支払利息	50,000		

STEP 5 その他の債権・債務

1 貸付金・借入金

　企業が取引先等に資金を貸し付けたときに生じる債権を**貸付金**といい、金融機関等からの融資によって資金を借り入れたときに生じる債務を**借入金**といいます。

仕訳例

《仕訳例30》　小野商店は得意先の久保田物産に10,000,000円を貸し付け、小切手を振り出して久保田物産に渡した。
(1)　小野商店（貸主）の会計処理
(借)貸　付　金　　10,000,000　（貸)当座預金　　10,000,000
(2)　久保田物産（借主）の会計処理
(借)現　　　金　　10,000,000　（貸)借　入　金　　10,000,000

2 未収金・未払金

　未収金と未払金は原則として、本業以外の取引において生じた債権・債務で、たとえば工場で発生した廃材を業者に売却したときの債権は**未収金勘定**、工場を建設したがその建設代金が未払いの場合には**未払金勘定**を用いて会計処理を行います。

> **仕訳例**
>
> 《仕訳例31》 相田商店は応接セット300,000円を購入し、その代金は月末に支払うこととした。
> (借)備　　　品　300,000　　(貸)未　払　金　300,000

③ 前払金・前受金

　商品や材料を仕入れるときに、ものによっては手付金を先に支払わないと仕入れできない場合があります。このようなとき先に支払った手付金を**前払金**（または**前渡金**）といいます。前払金は、将来仕入れた商品代や材料代に充当されます。逆に、手付金を先に預かった場合には**前受金勘定**で処理を行います。

> **仕訳例**
>
> 《仕訳例32》 井上商店は、商品仕入にあたり仕入先の尾崎商店から手付金100,000円の支払を求められたので、小切手を振り出して渡した。
> (1) 井上商店の会計処理
> (借)前　払　金　100,000　　(貸)当座預金　100,000
> (2) 尾崎商店の会計処理
> (借)現　　　金　100,000　　(貸)前　受　金　100,000

（注）　前払金や前受金は決算整理仕訳で登場する前払費用や前受収益と言葉はよく似ていますが、その内容は異なります。詳細は次章を参照してください。

4 立替金・預り金

立替金は、企業が本来取引先や従業員が負担すべき金額を一時立て替えた場合の債権を指します。また、**預り金**とは、金銭を一時的に預かった場合の債務を指します。預り金は、企業が従業員に給与を支払うときに、後日税務署や年金事務所に納付するために、源泉所得税や社会保険料などを天引きして預かっておく際に計上されます。

仕訳例

《仕訳例33》 従業員給与3,000,000円の支給にあたり、源泉所得税等および社会保険料を合計で300,000円預かり、差額を普通預金口座から振り込んだ。

(借)給 与 手 当　3,000,000　　(貸)普 通 預 金　2,700,000
　　　　　　　　　　　　　　　　　預　り　金　　　300,000

5 仮払金・仮受金

仮払金とは、金額や勘定科目が未確定の支出があったときに一時的に計上しておく資産勘定です。たとえば、従業員が出張に出かけるにあたり、旅費などの出張費用を概算で渡した場合には、とりあえず仮払金勘定に計上しておき、出張から帰ってきてその使途や金額が確定し、精算をするときに正しい勘定科目へ振り替えます。

一方、**仮受金**とは、やはり金額や勘定科目が未確定の入金があった場合に一時的に処理する負債勘定です。たとえば、得意先から現金の振込があったが、それが売掛金の回収なのか、手付金の受取なのか明らかでないときは、とりあえず仮受金勘定科目に計上しておき、相手方にその

金額や内容を確認できた時点で正しい勘定科目に振り替えます。

仕訳例

《仕訳例34》
(1) 従業員Ａが出張するにあたり、出張費用として50,000円を現金で渡した。
　　(借)仮 払 金　　50,000　(貸)現　　　金　　50,000
(2) 出張中のＡから当座預金口座に500,000円の振込があったが、その内容は不明である。
　　(借)当 座 預 金　500,000　(貸)仮 受 金　　500,000
(3) Ａが帰社し、振り込んだ500,000円は、すべて得意先加藤物産からの売掛金の入金額であることが判明した。
　　(借)仮 受 金　　500,000　(貸)売 掛 金　　500,000
(4) Ａの仮払金は、旅費交通費として35,000円、交際費として20,000円使われた旨報告があったので、差額は現金で精算した。
　　(借)旅費交通費　　35,000　(貸)仮 払 金　　50,000
　　　　交 際 費　　20,000　　　　現　　　金　　 5,000

STEP 6 有価証券

1 有価証券の種類

簿記上の有価証券とは、金融商品取引法に定める有価証券を指し、具体的には株券、公社債券などが該当します。

2 有価証券売買の会計処理

(1) 有価証券の購入

有価証券を購入するときには、その買入価額以外に買入手数料などの付随費用を加えた金額を有価証券の取得価額として、有価証券勘定に計上します。

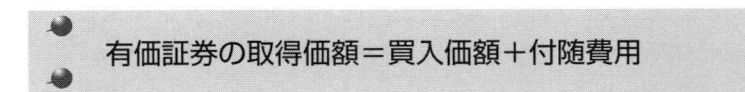

> 有価証券の取得価額＝買入価額＋付随費用

仕訳例

《仕訳例35》 Ａ社株式2,000株を１株300円で購入し、代金は買入手数料20,000円とともに、小切手を振り出して支払った。
(借)有 価 証 券　620,000　(貸)当 座 預 金　620,000

(注) 本来買入手数料には消費税がかかりますから、実務上は消費税の会

計処理も理解しなければなりませんが、話が複雑になりますから、本書では消費税を無視しています。ご了解ください。

(2) 有価証券の売却

有価証券を売却したときには、理屈のうえでは有価証券の売却価額と取得価額との差額が有価証券売却損益となります。有価証券の売却手数料は支払手数料として別の費用に計上することになるのですが、実務的には有価証券を売却することによって得た手取金（売却手数料控除後の金額）と取得価額との差額を有価証券売却損益とする処理がとられます。

仕訳例

《仕訳例36》《仕訳例35》の株式を全株、1株350円で売却した。この際、売却手数料30,000円が差し引かれ、手取金は当座預金口座に振り込まれた。

(1) 理論的な会計処理

（借）当 座 預 金　　670,000　（貸）有 価 証 券　　620,000
　　　支払手数料　　　 30,000　　　　有価証券売却益　 80,000

(2) 実務的な会計処理

（借）当 座 預 金　　670,000　（貸）有 価 証 券　　620,000
　　　　　　　　　　　　　　　　　　有価証券売却益　 50,000

また、同じ銘柄の有価証券を異なる価格で取得し、そのうちの一部を売却した場合の譲渡原価の計算方法としては、①先入先出法、②後入先出法、③総平均法、④移動平均法などいろいろな方法が考えられますが、実務的には、有価証券については③と④が採用されます。③は前期繰越高も含め当期において取得した有価証券の加重平均単価で売却原価および期末残高を計算する方法であり、④は有価証券が売却されるつど、その時点の加重平均単価で売却原価を計算する方法です。

仕訳例

> 【設例】 次のA株式の受払データに基づき、①総平均法と②移動平均法によって有価証券売却損益を計算しなさい。なお、売買手数料はないものとする。
>
> 4月10日　購入　1,000株×300円＝300,000円
> 5月27日　購入　2,000株×360円＝720,000円
> 6月12日　売却　1,000株×400円＝400,000円
> 9月16日　購入　1,000株×370円＝370,000円
> 12月7日　売却　2,000株×420円＝840,000円

(1) 売却価額（6/12）400,000円＋（12/7）840,000円＝1,240,000円

(2) 売却原価

① 総平均法

$$払出単価 = \frac{(4/10)300,000円 + (5/27)720,000円 + (9/16)370,000円}{(4/10)1,000株 + (5/27)2,000株 + (9/16)1,000株}$$

$$= 347.5円$$

売却株数＝（6/12）1,000株＋（12/7）2,000株＝3,000株

売却原価＝347.5円×3,000株＝1,042,500円

② 移動平均法

1) $6/12の払出単価 = \frac{(4/10)300,000円 + (5/27)720,000円}{(4/10)1,000株 + (5/27)2,000株}$

$$= 340円$$

売却原価＝340円×1,000株＝340,000円

2) $12/7の払出原価 = \frac{(6/12残)340円 \times 2,000株 + (9/16)370,000円}{(6/12残)2,000株 + (9/16)1,000株}$

$$= 350円$$

STEP 6　有価証券

売却原価 = 350円 × 2,000株 = 700,000円

売却原価合計 = 340,000円 + 700,000円 = 1,040,000円

(3) 売却損益
① 総平均法 = 1,240,000円 − 1,042,500円 = 197,500円
② 移動平均法 = 1,240,000円 − 1,040,000円 = 200,000円

3 利息や配当金を受け取ったときの会計処理

有価証券を保有していると、利息や配当金を受け取ることがあります。いずれも企業にとっては得になる取引ですから、それぞれ**有価証券利息勘定・受取配当金勘定**という収益勘定に計上します。

仕訳例

《仕訳例37》 保有しているＢ社株式3,000株について１株50円の配当金を受け取り、ただちに当座預金とした。
(借)当座預金　　150,000　（貸）受取配当金　　150,000

（注）本来は、受取利息・配当金については、受取額の一定割合が源泉税として天引きされ、会計処理にあたってはその源泉税相当額を借方に「仮払税金」（資産）または「租税公課」（費用）として計上する方法がとられますが、それについては無視して取り扱います。

また、公社債を利払日の前に売買するときには、売買直前の利払日の翌日から、売買日までの期間に対応する利息を売買価額に加えて資金が

【図表４-17】経過利息

利払日　　　　　売買日　　　　　　　利払日
　　└─経過利息─┘└──買い手の利息──┘

やりとりされます。この利息を**経過利息**（または**端数利息**）といいます。

　経過利息を売買価額に加えて支払っても、これは有価証券の取得価額の中には加算せず、有価証券利息勘定の借方に計上します。そして、後日利息を受け取ったときにその全額を有価証券利息勘定の貸方に計上すれば、結局、売買日の翌日から利払日までの利息が収益として認識されることになります。

仕訳例

《仕訳例38》
(1) 額面1,000,000円の利付国債を、額面100円につき97円で購入した。
　　購入価額および経過利息15,000円は小切手を振り出して支払った。
　（借）有 価 証 券　　970,000　（貸）当 座 預 金　　985,000
　　　　有価証券利息　　 15,000
(2) 利払日を迎え、利息20,000円を現金で受け取った。
　（借）現　　　　　金　　20,000　（貸）有価証券利息　　20,000

STEP 7 固定資産

1 固定資産の種類

　固定資産は大きく分類すると、土地・建物などの**有形固定資産**、借地権・電話加入権などの**無形固定資産**、さらに長期貸付金や投資有価証券などの**投資その他の資産**の3種類に分かれます。

【図表4-18】固定資産の分類

固定資産
- 有形固定資産…建物、構築物、土地など
- 無形固定資産…借地権、電話加入権、特許権、営業権など
- 投資その他の資産…投資有価証券、子会社株式、長期貸付金など

2 固定資産の取得価額

　固定資産の取得価額には、その資産の購入価額または製造原価のほか、仲介手数料、運賃、関税、登録免許税などの付随費用を含めます。

固定資産の取得価額＝購入価額（または製造原価）
　　　　　　　　　＋付随費用

仕訳例

《仕訳例39》 工場建設地として土地を10,000,000円で購入し、仲介手数料360,000円、測量費200,000円とともに代金は小切手を振り出して支払った。
(借)土　　　地　　10,560,000　(貸)当 座 預 金　　10,560,000

③ 固定資産の売却

固定資産を売却したときには、その帳簿価額（直前の貸借対照表価額）と譲渡価額との差額が固定資産売却損益となります。

仕訳例

《仕訳例40》 帳簿価額50,000,000円の空き地を取引先に55,000,000円で売却し、代金は当座預金に振り込まれた。
(借)当 座 預 金　　55,000,000　(貸)土　　　地　　50,000,000
　　　　　　　　　　　　　　　　　　　　固定資産売却益　　5,000,000

（注）　減価償却の対象となる固定資産を売却した場合には、取得価額から減価償却累計額を控除した金額が帳簿価額となるのですが、減価償却の意味と方法については次章で説明します。

4 建設仮勘定

　建設仮勘定とは、工場や機械装置を建築・製作するときに建設業者等に支払った手付金や工事代金等を一時的に処理するための勘定科目です。建物や機械装置が完成した段階で、建設仮勘定から建物勘定や機械装置勘定へ振替が行われます。

仕訳例

《仕訳例41》
(1) 工場を建設するために、建設業者に工事手付金3,000,000円を小切手振出により支払った。
　(借)建設仮勘定　　3,000,000　(貸)当座預金　　3,000,000
(2) 工場が完成し、引渡しを受けたので工事代金の残額12,000,000円を小切手振出により支払った。
　(借)建　　物　　15,000,000　(貸)建設仮勘定　　3,000,000
　　　　　　　　　　　　　　　　　　当座預金　　12,000,000

STEP 8 財務諸表の作成

さて、今までさまざまな種類の取引の会計処理を見てきましたが、再び簿記一巡の手続に従って、財務諸表を作成する過程にトライしてみましょう。

今度は仕訳の量が多いので、簡便法というわけにはいきません。仕訳（仕訳帳）→総勘定元帳→試算表→財務諸表の過程を着実に踏んで作成してください。

【設例】 次の取引例に従って、株式会社佐々木商店の令和×1年3月決算の財務諸表（貸借対照表と損益計算書）を作成しなさい。

《取引例》

日付	取引内容
3/1	株式会社佐々木商店を資本金10,000,000円で設立し、出資金はただちに当座預金に入金した。
1	本社事務所兼倉庫を賃借し、保証金1,000,000円と3月～5月分賃借料600,000円を小切手を振り出して支払った。
3	手許現金1,000,000円を当座預金から引き出した。
6	仕入先外山商会から、A商品300個（単価25,000円）を掛仕入れした。商品の引取にあたり、引取運賃30,000円を負担し、現金で支払った。

7	得意先永井物産へA商品120個を単価30,000円で掛売した。この際、本来永井物産が負担すべき運賃24,000円を立て替えて、現金で支払った（立替金勘定に計上する）。
8	大原電気商会からパソコン150,000円を現金購入した。これを備品（固定資産）に計上する。
9	永井物産に販売したA商品のうち、15個に少しキズがあったため、1個当たり3,000円の値引きを行った。
10	従業員が大阪へ出張することになり、旅費として100,000円を概算払いした。
13	出張中の従業員から当座預金に300,000円が振り込まれてきたが、その内容は不明である。
13	外山商会からA商品150個（単価27,080円）を掛仕入れした。今回の引取運賃は先方が負担した。
14	従業員が大阪出張から戻り、次の出張経費報告書を提出した。 　　旅費交通費：58,000円、交際費：27,000円、通信費：6,700円 差額は現金で精算した。 　なお、昨日振り込まれた300,000円は、得意先星野工業からのA商品購入のための手付金であることがわかった。
15	星野工業にA商品210個を単価30,000円で掛売した。
16	得意先渡辺製作所（上場会社）の株式を、3,000株（単価1,000円）購入し、購入手数料30,000円とともに小切手を振り出して支払った。
18	取引銀行の東西銀行から運転資金5,000,000円を借り入れ、当座預金に預け入れた。なお、借入利率は年3％であり、半年ごとに後払いすることになっている。

21	外山商会から買掛金の請求があり、3月10日現在の買掛金残高について50%を小切手で、残りの50%を5月31日を期日とする手形で支払った。
21	本日現金を数えたら、帳簿残高よりも実際残高が3,000円不足していた。その原因は不明である。
21	永井物産から売掛金を手形（支払期日：5月20日）で回収した。
23	仕入先長谷川商事より3,000,000円の資金借入の依頼があり、小切手を振り出して貸し付けた。
24	永井物産からの受取手形を東西銀行で割り引き、割引料10,000円を差し引いた金額は当座預金に預け入れた。
27	渡辺製作所の株式のうち1,000株を1株1,300円で売却した。なお、売却手数料20,000円を差し引いた残額は当座預金に入金された。
28	水野自動車から営業用の車両を1,000,000円で購入した。代金は来月末に支払う予定である。
29	長谷川商事より貸付金が返済され、利息30,000円とともに当座預金に入金された。
30	当座預金から次の経費が自動引落しされた。 　　電話料：50,000円、電気料：28,000円、上下水道代：8,600円
31	従業員に3月分給与200,000円を支払ったが、源泉所得税や社会保険料など20,000円を差し引き、差額を当座預金口座から振り込んだ。
31	3月21日に発生した現金残高不足の原因は結局わからなかった。

1 仕訳の作成

　さて、以上の取引例の仕訳を作成するわけですが、しかし、ボリュームが多くていやにやりますね。でも、これくらいで音をあげていたのではどうにもなりません。実務では、これよりもはるかに大量の仕訳を作成しなければならないからです。さあ、気を取り直してがんばりましょう。

　既述のとおり、実務上、仕訳はまず会計伝票に記載し、それを仕訳帳に転記するのですが、本書では、最初から仕訳帳の形式で示してしまいます（手を抜いたと言わないでください）。会計処理について説明が必要なもの（仕訳の前に❶〜⓫が付いています）については、仕訳帳の後にコメントを付けておきました。なお、このあとの金額はすべて円単位で示します。

　実は、この取引例の仕訳では、本書に未登場の勘定科目も出てきますので、使用する勘定科目を次ページに示しておきます。これらを用いて仕訳を作成してください。

《この設例で使用する勘定科目》
資産項目：現金、当座預金、受取手形、売掛金、有価証券、貸付金、仮払金、立替金、備品、車両運搬具、差入保証金
負債項目：支払手形、買掛金、借入金、前受金、未払金、仮受金、預り金
純資産項目：資本金
収益項目：売上、受取利息、有価証券売却益
費用項目：仕入、給与手当、支払家賃、旅費交通費、交際費、通信費、水道光熱費、手形売却損、雑損
その他：現金過不足

仕 訳 帳

(P.1)

日付		摘　要	借　方	貸　方
3	1	(当 座 預 金)	10,000,000	
		(資　本　金)		10,000,000
		会社設立		
❶	1	諸　　口　　(当 座 預 金)		1,600,000
		(差 入 保 証 金)	1,000,000	
		(支 払 家 賃)	600,000	
		保証金、賃料（5月まで）支払		
	3	(現　　　　金)	1,000,000	
		(当 座 預 金)		1,000,000
		手許現金引き出し		
❷	6	(仕　　　入)　諸　　口	7,530,000	
		(買　掛　金)		7,500,000
		(現　　　　金)		30,000
		外山商会よりＡ商品300個掛仕入		
	7	(売　掛　金)	3,600,000	
		(売　　　　上)		3,600,000
		永井物産へＡ商品120個掛売		
	7	(立　替　金)	24,000	
		(現　　　　金)		24,000
		永井物産運賃立替え		
		次ページへ繰越	23,754,000	23,754,000

118　第4章　さあ財務諸表を作ってみよう(PART Ⅱ)

仕　訳　帳

(P.2)

日付		摘　　要	借　方	貸　方
		前ページより繰越	23,754,000	23,754,000
3	8	（備　　　　品）	150,000	
		（現　　　金）		150,000
		大原電気商会よりパソコン購入		
	9	（売　　　　上）	45,000	
		（売　掛　金）		45,000
		永井物産売上値引き		
	10	（仮　払　金）	100,000	
		（現　　　金）		100,000
		従業員××大阪出張仮払い		
	13	（当　座　預　金）	300,000	
		（仮　受　金）		300,000
		××より入金、内容不明		
	13	（仕　　　　入）	4,062,000	
		（買　掛　金）		4,062,000
		外山商会よりA商品150個掛仕入		
	14	諸　　口　　（仮　払　金）		100,000
		（旅 費 交 通 費）	58,000	
		（交　際　費）	27,000	
		（通　信　費）	6,700	
		（現　　　金）	8,300	
		××仮払金精算		
		次ページへ繰越	28,511,000	28,511,000

STEP 8　財務諸表の作成

仕 訳 帳

(P.3)

日	付	摘　　要	借　方	貸　方
		前ページより繰越	28,511,000	28,511,000
3	14	(仮　受　金)	300,000	
		(前　受　金)		300,000
		星野工業からの手付金		
❹	15	諸　　口　　(売　　　　上)		6,300,000
		(前　受　金)	300,000	
		(売　掛　金)	6,000,000	
		星野工業へA商品210個掛売		
❺	16	(有　価　証　券)	3,030,000	
		(当　座　預　金)		3,030,000
		渡辺製作所株式3,000株購入		
	18	(当　座　預　金)	5,000,000	
		(借　入　金)		5,000,000
		東西銀行より運転資金借入		
❻	21	(買　掛　金)　諸　　口	7,500,000	
		(当　座　預　金)		3,750,000
		(支　払　手　形)		3,750,000
		外山商会買掛金支払		
❼	21	(現金過不足)	3,000	
		(現　　　　金)		3,000
		現金残高不足		
		次ページへ繰越	50,644,000	50,644,000

仕　訳　帳

(P.4)

日	付	摘　　要	借　方	貸　方
		前ページより繰越	50,644,000	50,644,000
❽ 3	21	(受 取 手 形)	3,555,000	
		(売　掛　金)		3,555,000
		永井物産売掛金手形回収		
	23	(貸　付　金)	3,000,000	
		(当 座 預 金)		3,000,000
		長谷川商事へ資金貸付		
	24	諸　　口　(受 取 手 形)		3,555,000
		(当 座 預 金)	3,545,000	
		(手 形 売 却 損)	10,000	
		永井物産よりの受取手形割引		
❾	27	(当 座 預 金)　諸　　口	1,280,000	
		(有 価 証 券)		1,010,000
		(有価証券売却益)		270,000
		渡辺製作所株式1,000株売却		
	28	(車 両 運 搬 具)	1,000,000	
		(未　払　金)		1,000,000
		営業用車両（トヨタ××）取得		
	29	(当 座 預 金)　諸　　口	3,030,000	
		(貸　付　金)		3,000,000
		(受 取 利 息)		30,000
		長谷川商事より貸付金回収		
		次ページへ繰越	66,064,000	66,064,000

STEP 8　財務諸表の作成

仕 訳 帳

(P.5)

日付		摘 要		借 方	貸 方
		前ページより繰越		66,064,000	66,064,000
❿ 3	30	諸 口	(当 座 預 金)		86,600
		(通 信 費)		50,000	
		(水道光熱費)		36,600	
		電話料等自動引き落とし			
	31	(給 与 手 当)	諸 口	200,000	
			(預 り 金)		20,000
			(当 座 預 金)		180,000
		3月分給与支払			
⓫	31	(雑 損)		3,000	
			(現金過不足)		3,000
		現金不足原因不明につき雑損処理			
				66,353,600	66,353,600

(注) 煩雑になるので、仕訳帳の「元丁欄」の記入は省略しました。

仕訳の説明

❶ 保証金は原則として、事務所から立ち退く時点で返却されますので、差入保証金という資産に計上します。敷金についても資産計上です。ただし、権利金や礼金は返却されませんから、費用計上となります。

また、家賃を5月分まで前払いしていますが、佐々木商店は3月決算ですから、家賃については3月までの部分が費用となり、4月・5月分は費用にならないような気がする人もいると思いますが、期中の仕訳は「現金主義」で行うのが普通です。したがって、「払ったら費

用、もらったら収益」として処理しておきます。この修正は次章の決算整理仕訳で説明します。

なお、仕訳帳で相手勘定（仕訳の反対側の勘定科目）が複数ある場合には、「諸口」と記載し、総勘定元帳の相手勘定も諸口と転記します。

❷ 商品を仕入れるときに要した引取運賃などの付随費用は商品の取得価額として仕入金額の中に含めます。したがって、A商品1個当たりの取得価額は（300個×25,000円＋30,000円）÷300個＝25,100円と計算されます。

❸ 売上値引や返品の場合には、このように売上高から控除する仕訳が行われます。ただし、企業によっては、当初の仕訳（3月7日の売上計上仕訳）の逆仕訳（通常は赤色で伝票を記載しますので、「赤伝」とも言われます）を起こし、改めて正しい金額の仕訳を作成することもあります。

その場合には、次のようになります。

仕訳例

```
(借)売      上    3,600,000  (貸)売 掛 金    3,600,000
(あるいは(借)売掛金   △3,600,000  (貸)売   上  △3,600,000)
(借)売 掛 金    3,555,000  (貸)売      上    3,555,000
```

❹ 預かっていた手付金を売上代金に充当したときの仕訳です。相手に商品を引き渡すまでは手付金は返却の必要のある負債ですが、商品を引き渡せば返却する必要がなくなり、もらいっぱなしのお金、すなわち収益（売上）に振り替えられます。

❺ 有価証券の取得価額にも買入手数料などの付随費用が含まれます。ただし、公社債の経過利息については有価証券の取得価額とはせず、有価証券利息勘定の借方に計上します。

❻　通常、買掛金の支払は仕入先との間でどのような条件で支払うのかを決めておき、それに従って行われます。この設例の場合には、たとえば「10日締同月20日半金半手払い（手形サイト70日）」というような支払条件になっていたのではないでしょうか。「半金半手」というのは、半分は現金（小切手または振込）で、残りの半分は手形で支払うという意味で、「サイト」とは手形の発行日から期日（満期）までの期間をいいます。

　なお、「20日払い」なのに21日に支払っているのは、3月20日が春分の日で休日のため、翌日になったのでしょう。

❼　本来、現金は毎日業務終了前に数え、帳簿残高と照合すべきです。このように差異が生じたときは、とりあえず現金過不足勘定に振り替えておき、原因究明を行って、できるだけ早い時期に正しい会計処理を行うべきです。

❽　売掛金についても、通常は得意先との間で入金条件が決まっているはずです。設例の場合は20日に60日サイトの手形で入金することが事前に決められていて、それに従って手形を受け取ったと思われます。

❾　有価証券を証券会社経由で売却する場合には、売却手数料がかかります。本来、これは有価証券の売却損益とは異なる費用で、理論上は支払手数料勘定の借方に計上すべきなのでしょうが、実務上は「有価証券を売ったら全部ひっくるめていくら儲かったか」がわかればよいので、売却手数料も有価証券売却損益のなかに含めて処理します。

❿　最近は自動引落しになる経費が多いですね。いちいち振込手続をしなくてよいので便利なのですが、うっかり引落しになったことを確認しなかったために、会計処理もれになってしまう危険性があります。したがって、経理担当者は必ず、毎月末の預金の帳簿残高を預金通帳あるいは当座照合表（当座預金の取引明細を示した表）と照合しておく必要があります。

❶ 現金過不足の原因がわからない場合は、いつまでも現金過不足勘定に残しておくわけにはいきません。ある程度の期間を決めておき、その間に原因が不明な場合には、やむをえないですから、雑損または雑益に計上することになります。

2 総勘定元帳の記入

現　金

3/ 3	当 座 預 金	1,000,000	3/ 6	仕　　　　入	30,000
14	仮　払　金	8,300	7	立　替　金	24,000
			8	備　　　　品	150,000
			10	仮　払　金	100,000
			21	現 金 過 不 足	3,000
			31	**期　末　残　高**	**701,300**
		1,008,300			1,008,300

現金過不足

3/21	現　　　金	3,000	3/31	雑　　　損	3,000

当　座　預　金

3/ 1	資　本　金	10,000,000	3/ 1	諸　　　　口	1,600,000
13	仮　受　金	300,000	3	現　　　　金	1,000,000
18	借　入　金	5,000,000	16	有 価 証 券	3,030,000
24	受 取 手 形	3,545,000	21	買　掛　金	3,750,000
27	諸　　　口	1,280,000	23	貸　付　金	3,000,000
29	諸　　　口	3,030,000	30	諸　　　　口	86,600
			31	給 与 手 当	180,000
			31	**期　末　残　高**	**10,508,400**
		23,155,000			23,155,000

STEP 8　財務諸表の作成

受 取 手 形

3/21	売 掛 金	3,555,000	3/24	諸 口	3,555,000

売 掛 金

3/ 7	売 上	3,600,000	3/ 9	売 上	45,000
15	売 上	6,000,000	21	受 取 手 形	3,555,000
			31	期 末 残 高	6,000,000
		9,600,000			9,600,000

有 価 証 券

3/16	当 座 預 金	3,030,000	3/27	当 座 預 金	1,010,000
			31	期 末 残 高	2,020,000
		3,030,000			3,030,000

貸 付 金

3/23	当 座 預 金	3,000,000	3/29	当 座 預 金	3,000,000

仮 払 金

3/10	現 金	100,000	3/14	諸 口	100,000

立 替 金

3/ 7	現 金	24,000	3/31	期 末 残 高	24,000

車 両 運 搬 具

3/28	未 払 金	1,000,000	3/31	期 末 残 高	1,000,000

備 品

3/ 8	現 金	150,000	3/31	期 末 残 高	150,000

差入保証金

| 3/ 1 | 当 座 預 金 | 1,000,000 | 3/31 | 期 末 残 高 | 1,000,000 |

支 払 手 形

| 3/31 | 期 末 残 高 | 3,750,000 | 3/21 | 買　　　掛　　　金 | 3,750,000 |

買 掛 金

3/21	諸　　　　　　　口	7,500,000	3/ 6	仕　　　　　　　入	7,500,000
31	期 末 残 高	4,062,000	13	仕　　　　　　　入	4,062,000
		11,562,000			11,562,000

借 入 金

| 3/31 | 期 末 残 高 | 5,000,000 | 3/18 | 当 座 預 金 | 5,000,000 |

前 受 金

| 3/15 | 売　　　　　　　上 | 300,000 | 3/14 | 仮　　　受　　　金 | 300,000 |

未 払 金

| 3/31 | 期 末 残 高 | 1,000,000 | 3/28 | 車 両 運 搬 具 | 1,000,000 |

仮 受 金

| 3/14 | 前　　　受　　　金 | 300,000 | 3/13 | 当 座 預 金 | 300,000 |

預 り 金

| 3/31 | 期 末 残 高 | 20,000 | 3/31 | 給 与 手 当 | 20,000 |

STEP 8　財務諸表の作成

資　本　金

3/31	期　末　残　高	10,000,000	3/ 1	当　座　預　金	10,000,000

売　　　上

3/ 9	売　掛　金	45,000	3/ 7	売　掛　金	3,600,000
31	期　末　残　高	9,855,000	15	諸　　　口	6,300,000
		9,900,000			9,900,000

受　取　利　息

3/31	期　末　残　高	30,000	3/29	当　座　預　金	30,000

有価証券売却益

3/31	期　末　残　高	270,000	3/27	当　座　預　金	270,000

仕　　　入

3/ 6	諸　　　口	7,530,000	3/31	期　末　残　高	11,592,000
13	買　掛　金	4,062,000			
		11,592,000			11,592,000

給　与　手　当

3/31	諸　　　口	200,000	3/31	期　末　残　高	200,000

支　払　家　賃

3/ 1	当　座　預　金	600,000	3/31	期　末　残　高	600,000

旅　費　交　通　費

3/14	仮　払　金	58,000	3/31	期　末　残　高	58,000

交　際　費

3/14	仮　払　金	27,000	3/31	期　末　残　高	27,000

通　信　費

3/14	仮　払　金	6,700	3/31	期　末　残　高	56,700
30	当　座　預　金	50,000			
		56,700			56,700

水道光熱費

3/30	当　座　預　金	36,600	3/31	期　末　残　高	36,600

手形売却損

3/24	受　取　手　形	10,000	3/31	期　末　残　高	10,000

雑　　損

3/31	現　金　過　不　足	3,000	3/31	期　末　残　高	3,000

　このように書き表してしまうとわかりにくいのですが、総勘定元帳の記入は、まず仕訳帳の取引転記を行い、その次に借方金額と貸方金額の合計を求めて差額を期末残高として記入し、貸借合計を合わせるといった一連の作業が必要になります。そして、これらの期末残高が次の試算表へ転記されることになるのです。

③ 試算表の作成

　やっと試算表まできました。試算表は、総勘定元帳の借方残高は借方に、貸方残高は貸方に記入して作成します。ただし、借方と貸方を間違って記入する可能性が高いので、気を付けてください。間違えそうな人は、資産と費用の残高は借方に、負債・資本・収益の残高は貸方に記入するようにしてください。

試　算　表

現　　　　　金	701,300	支　払　手　形	3,750,000
当　座　預　金	10,508,400	買　　掛　　金	4,062,000
売　　掛　　金	6,000,000	借　　入　　金	5,000,000
有　価　証　券	2,020,000	未　　払　　金	1,000,000
立　　替　　金	24,000	預　　り　　金	20,000
車　両　運　搬　具	1,000,000	資　　本　　金	10,000,000
備　　　　　品	150,000	売　　　　　上	9,855,000
差　入　保　証　金	1,000,000	受　取　利　息	30,000
仕　　　　　入	11,592,000	有価証券売却益	270,000
給　　　　　与	200,000		
支　払　家　賃	600,000		
旅　費　交　通　費	58,000		
交　　際　　費	27,000		
通　　信　　費	56,700		
水　道　光　熱　費	36,600		
手　形　売　却　損	10,000		
雑　　　　　損	3,000		
	33,987,000		33,987,000

④ 財務諸表の作成

さて、試算表の借方金額合計と貸方金額合計は一致しているでしょうか？ 両方とも33,987,000円で一致しています。これで、仕訳帳から総勘定元帳そして試算表への転記は、まあ間違っていなかったことが証明されました（やれやれ）。

前述のように、試算表を作成する目的はもうひとつあります。それは、ここから最終ステップの財務諸表を作成することができるのです。

もう一度おさらいをしておきましょう。試算表は次のように分解することによって貸借対照表と損益計算書に分かれるのでしたよね。

【図表4-19】試算表からの財務諸表作成過程

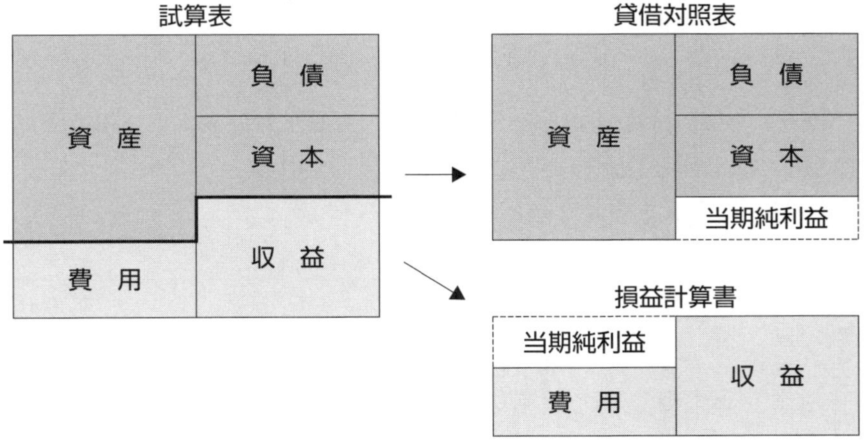

要するに、借方は資産と費用の間、貸方は純資産と収益の間に線を引き、線の上は貸借対照表、線の下は損益計算書になるというわけです。

それでは、実際に設例の試算表に線を引き、貸借対照表と損益計算書に分けてみます。

試　算　表

現　　　　　　　金	701,300	支　払　手　形		3,750,000
当　座　預　金	10,508,400	買　　掛　　金		4,062,000
売　　掛　　金	6,000,000	借　　入　　金		5,000,000
有　価　証　券	2,020,000	未　　払　　金		1,000,000
立　　替　　金	24,000	預　　り　　金		20,000
車　両　運　搬　具	1,000,000	資　　本　　金		10,000,000
備　　　　　　　品	150,000			
差　入　保　証　金	1,000,000	売　　　　　　　上		9,855,000
仕　　　　　　　入	11,592,000	受　取　利　息		30,000
給　与　手　当	200,000	有価証券売却益		270,000
支　払　家　賃	600,000			
旅　費　交　通　費	58,000			
交　　際　　費	27,000			
通　　信　　費	56,700			
水　道　光　熱　費	36,600			
手　形　売　却　損	10,000			
雑　　　　　　　損	3,000			
	33,987,000			33,987,000

（右側に「貸借対照表」「損益計算書」の区分表示）

　このように、試算表を上と下に分けて上を貸借対照表、下を損益計算書として表わすと、次のようになります。

貸借対照表

現　　　　　　　金	701,300	支　払　手　形		3,750,000
当　座　預　金	10,508,400	買　　掛　　金		4,062,000
売　　掛　　金	6,000,000	借　　入　　金		5,000,000
有　価　証　券	2,020,000	未　　払　　金		1,000,000
立　　替　　金	24,000	預　　り　　金		20,000
車　両　運　搬　具	1,000,000	資　　本　　金		10,000,000
備　　　　　　　品	150,000			
差　入　保　証　金	1,000,000			

損益計算書

仕　　　　　入	11,592,000	売　　　　　上	9,855,000
給　与　手　当	200,000	受　取　利　息	30,000
支　払　家　賃	600,000	有価証券売却益	270,000
旅　費　交　通　費	58,000		
交　際　費	27,000		
通　信　費	56,700		
水　道　光　熱　費	36,600		
手　形　売　却　損	10,000		
雑　損	3,000		

　ここからは、もうみなさんできますよね。

　まず、損益計算書の借方合計額と貸方合計額を計算してみましょう。

　借方合計額＝12,583,300円

　貸方合計額＝10,155,000円

　そして、差額を求めます。

　借方合計額12,583,300円－貸方合計額10,155,000円＝2,428,300円

　借方の費用合計額よりも、貸方の収益合計額のほうが2,428,300円少なくなっていることがわかります。費用よりも収益が少なければ、赤字すなわち当期純損失が計上されたことになります。そこで、損益計算書の貸方の有価証券売却益の下に当期純損失2,428,300円を記入し、損益計算書の借方合計額と貸方合計額を一致させます。

損益計算書 (単位：円)

仕　　　　　入	11,592,000	売　　　　　上	9,855,000
給　与　手　当	200,000	受　取　利　息	30,000
支　払　家　賃	600,000	有価証券売却益	270,000
旅　費　交　通　費	58,000	当　期　純　損　失	2,428,300
交　　際　　費	27,000		
通　　信　　費	56,700		
水　道　光　熱　費	36,600		
手　形　売　却　損	10,000		
雑　　　　　損	3,000		
	12,583,300		12,583,300

　この損益計算書からは、「佐々木商店は売上高が9,855,000円と1,000万円近くあったけれども、仕入金額がそれを上回り、さらに給料や家賃などの固定費負担のために、あえなく赤字決算となってしまった」と読みとれます（あれ？　そんなことはないのではないかな？　と思った人はすごい！　もうあなたは自分の簿記のセンスを人に誇っても大丈夫なのですが、もう少しこのままお付き合いください）。

　さて、次の作業は、損益計算書の結論である当期損益の金額を貸借対照表に転記することです。損益計算書で当期純利益が計上されていた場合には、貸借対照表の資本金の下に繰越利益剰余金として表せばよかったのですが、今度は当期純損失が計上されています。すなわち、繰越利益剰余金がマイナスになってしまったのです。このように繰越利益剰余金がマイナスになった場合には、そのまま△または－（マイナス）を付けて貸借対照表に表示します。

貸借対照表　　　　　　　　（単位：円）

現　　　　　金	701,300	支　払　手　形	3,750,000
当　座　預　金	10,508,400	買　　掛　　金	4,062,000
売　　掛　　金	6,000,000	借　　入　　金	5,000,000
有　価　証　券	2,020,000	未　　払　　金	1,000,000
立　　替　　金	24,000	預　　り　　金	20,000
車　両　運　搬　具	1,000,000	資　　本　　金	10,000,000
備　　　　　品	150,000	繰越利益剰余金	△2,428,300
差　入　保　証　金	1,000,000		
	21,403,700		21,403,700

　このように、借方合計額と貸方合計額が一致しましたので、貸借対照表もできあがりです。

　この貸借対照表からは、資金の出どころとしての負債の割合が大きく、さらに設立1年目であることを割り引いても、資本金の約4分の1の損失を出しており、あまりよい状況ではないと見て取れます。

　さあ、いかがでしたか、これでみなさんは本書で都合2回簿記一巡の手続に従って財務諸表を作成する経験をしました。2回目のほうは少しボリュームがありましたから、大変だったと感じた人がいたかもしれませんが、内容自体はそんなに難しくないと思っていただけたのではないでしょうか？

　ここまでわかれば、原理はどんなに大きな会社でも同じです。どうか自信を持ってください。

　しかし、財務諸表の作成はこれで終わったわけではありません。もうここで本を閉じようと思った人はもう少し待ってください。実は、先ほどの設例の佐々木商店ですが、みなさんに作ってもらった財務諸表では、設立早々赤字を計上し、あまりよい状況ではないと判断されました。でも、本当に佐々木商店はダメ会社なのでしょうか？

　たとえば、佐々木商店の売上高9,855,000円は、A商品を合計330個販

売したことによるものですが、仕入高11,592,000円は、実は450個分の金額なのです。つまり、佐々木商店は商品を450個仕入れ、そのうちの330個が売れ、結局120個は期末在庫として残っているはずなのですが、現在の財務諸表では450個分の仕入代金が全額費用（売上原価）になっています。これでは赤字になるのは当たり前ですよね。

このように、期中に会計処理した仕訳は最終的にも正しいとは限らず、決算においてこれらを修正して初めて正しい財務諸表ができあがるのです。この修正処理を「**決算整理**」、そのときの仕訳を「**決算整理仕訳**」といいます。

次章では、これらについて検討してみましょう。

練習問題 4 − 1 次の取引の仕訳を示しなさい。

(1) 現金の実際残高が帳簿残高より3,600円多かったが、その原因は不明である。
(2) (1)の原因は、支払利息400円を現金で支払った際に、仕訳では4,000円とし記帳していたためであることが判明した。
(3) 運送収益10,000円を小切手で受け取った。
(4) 建物1,000,000円を購入し、小切手を振り出した。ただし、本日の当座預金残高は800,000円で、取引銀行と1,000,000円の借越限度で当座借越契約を結んでいる（当座借越勘定を使用する方法によること）。
(5) 商品300個（単価1,500円）を掛仕入れし、引取運賃9,000円は現金で支払った（三分法によること。以下同様）。
(6) (5)で仕入れた商品のうち、10個が品違いだったため、返品した。
(7) (5)の商品のうち50個を単価2,000円で掛売した。
(8) 得意先が倒産し、売掛金100,000円が回収不能となった（貸倒引当金は設定していない）。
(9) 買掛金を支払うために、仕入先に約束手形2,000,000円を振り出し、手渡した。
(10) 買掛金を支払うために、得意先から受け取った手形360,000円を裏書譲渡した。
(11) 得意先A商店に対する売掛金を回収するために、仕入先B商店の引受を得て、A商店を名宛人（支払人）とし、B商店を指図人（受取人）とする為替手形720,000円を振り出した。
(12) 得意先より受け取った約束手形2,000,000円を銀行で割り引き、割引料15,000円を差し引かれた残額は当座預金に入金した。
(13) 過日取引先に裏書譲渡していた約束手形1,000,000円が不渡り

になり、先方より償還請求の諸費用10,000円とともに請求を受け、遅延の法定利息800円を含めて小切手を振り出して支払った。

⒁　空き地（帳簿価額3,000,000円）を取引先に5,000,000円で売却した。その代金は来月入金する予定である。

⒂　D社株式3,000株を1株500円で購入し、代金は購入手数料30,000円とともに、小切手を振り出して支払った。

⒃　⒂の株式のうち1,000株を1株800円で売却し、売却手数料20,000円を差し引いた残額が当座預金に振り込まれた（実務的な会計処理によること）。

⒄　額面10,000,000円の利付国債を、額面100円につき98円で購入した。購入価額および経過利息123,000円は小切手を振り出して支払った。

⒅　⒄の利付国債を利払日到来前に、額面100円につき99円で売却した。売却代金は経過利息186,000円とともに当座預金に振り込まれた。

⒆　旋盤機械を5,000,000円で購入した。代金は引取運賃30,000円と据付・試運転に要した費用50,000円とともに来月支払う予定である。

⒇　工事代金8,000,000円を支払い、建設仮勘定に計上していた工場建物がこのほど完成し、引渡しを受けた。

練習問題4−2 次の試算表から貸借対照表と損益計算書（いずれも勘定式）を作成しなさい。

試　算　表　　　　　（単位：円）

現　　　　　　　金	582,300	支　払　手　形	2,000,000
当　座　預　金	1,562,700	買　　掛　　金	1,044,600
受　取　手　形	3,000,000	借　　入　　金	5,000,000
売　　掛　　金	1,805,600	未　　払　　金	1,660,000
建　　　　　　　物	5,789,000	資　　本　　金	20,000,000
車　両　運　搬　具	3,650,800	運　送　収　益	5,035,000
土　　　　　　　地	15,000,000	受　取　利　息	68,300
給　与　手　当	1,840,300	固定資産売却益	1,106,000
通　　信　　費	421,600		
燃　　料　　費	1,065,400		
支　払　家　賃	360,000		
消　耗　品　費	153,500		
水　道　光　熱　費	459,100		
支　払　利　息	223,600		
	35,913,900		35,913,900

※　解答は巻末にあります。

第 5 章
決算整理仕訳を理解しよう

STEP 1 **売上原価の算定**

STEP 2 **有価証券の評価替え**

STEP 3 **減価償却費の計算**

STEP 4 **貸倒引当金の設定**

STEP 5 **費用・収益の見越し・繰延べ**

STEP 6 **財務諸表の作成**

Keypoint

決算整理仕訳
1　売上原価の算定
2　有価証券の評価替え
3　減価償却費の計算
4　貸倒引当金の設定
5　費用・収益の見越し・繰延べ

STEP 1 売上原価の算定

1 売上原価とは

　売上原価はもう何回も登場したから、よくわかると思います。「売上げた商品の仕入原価」のことでしたよね。
　したがって、「八百屋がダイコンを1本100円で3本仕入れてきて、それを1本130円で2本お客に販売した場合の八百屋の損益はいくらか？」という問に対する答は、130円×2本－100円×3本＝△40円ではなく、「60円の利益」です。これは、まず売上高260円を計算し、この売上高に対応する「売上げた商品の仕入原価」すなわち売上原価を求め、それを差し引いて求めるのです。売り上げたダイコンは2本ですから、2本の仕入原価を求めると、100円×2本＝200円と計算されます。したがって、ダイコンを販売したことによる利益は、260円－200円＝60円と計算されるのです。
　ここで、みなさんに注目してもらいたいのは、売れ残った1本のダイコンです。このダイコンは、八百屋がその日の夕ごはんでみそ汁に入れて食べてしまえば話は別ですが、通常は翌日以降に販売されるはずです。仮に他のダイコンと同じく130円で販売されたとしたら、このダイコンからも30円の利益がもたらされます。つまり、この八百屋はダイコンを3本300円で仕入れてきて、最終的にはそれを390円で販売し、90円の利益を上げたのです。

【図表5-1】 ダイコンの売上利益

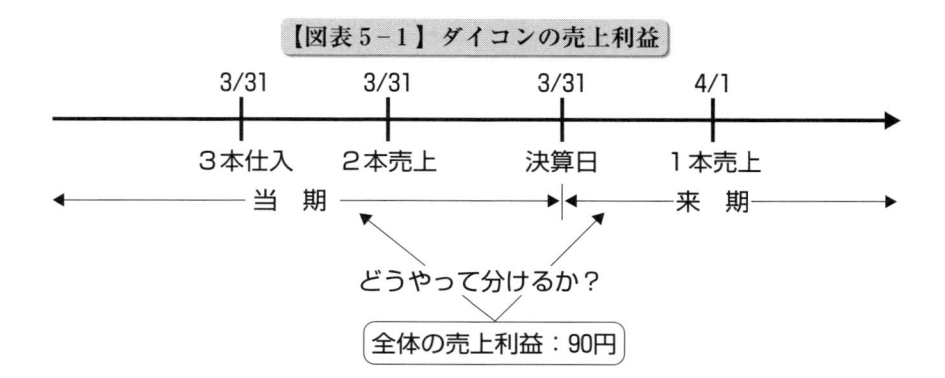

```
          3/31      3/31      3/31       4/1
───────────┼─────────┼─────────┼──────────┼───────────→
         3本仕入   2本売上   決算日    1本売上
    ←────── 当 期 ──────→│←────── 来 期 ──────→
                    ↘    ↙
               どうやって分けるか？
              ┌─────────────────┐
              │ 全体の売上利益：90円 │
              └─────────────────┘
```

　ところが、八百屋には事業年度があります。たとえば、この八百屋が3月決算だとすると、4月1日から翌年の3月31日までの1年間でいくら儲かったかを計算しなければなりません。これが財務諸表の定めです。

　たとえば、八百屋が3月31日にダイコンを3本仕入れ、当日に2本、翌日の4月1日に1本販売したとすれば、どうでしょう？

　要は2日間にダイコンを3本仕入れ、3本売っただけなのですから、事業年度を無視すれば、この八百屋は合わせて90円の利益を上げたことに違いはありません。

　しかし、問題はこの間に決算日があるということです。つまり、八百屋は3月31日までの期間を1事業年度として決算を行わなければなりません。そうすると、話はややこしくなります。3月31日で終了した事業年度から見れば、八百屋は「ダイコンを3本仕入れ、2本は販売したが1本は売れ残った」ことになります。

　したがって、当期におけるダイコン販売の利益を計算するためには、ルールを定めておかなければなりません。そのルールが先ほどの「売上高から当期に販売した商品の仕入原価を差し引く」というものです。そして、売れ残った在庫のダイコンは来期に販売されるのですから、その利益は来期の利益に加算されなければなりません。

STEP 1　売上原価の算定

そこで、簿記では次のように売上利益を計算する決まりになっています。

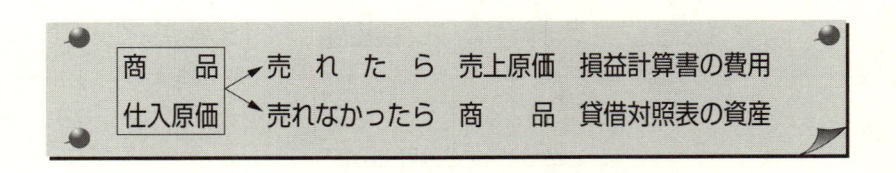

```
商　品 ─┬→ 売れたら　　売上原価　損益計算書の費用
仕入原価 └→ 売れなかったら　商　品　貸借対照表の資産
```

【図表5-2】売上利益の計算

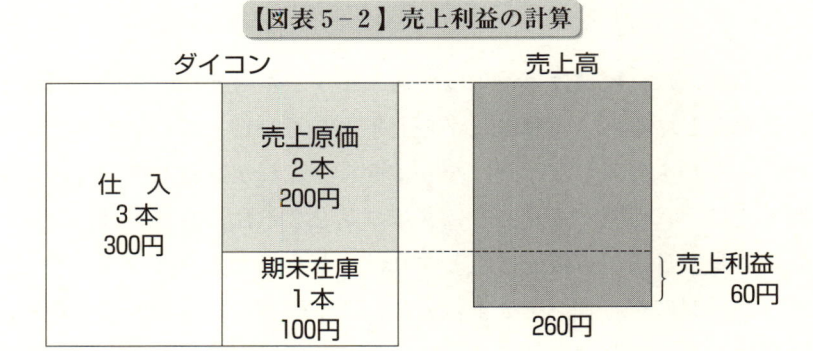

ダイコン		売上高
仕入 3本 300円	売上原価 2本 200円	260円　売上利益 60円
	期末在庫 1本 100円	

したがって、損益計算書に費用として示される売上原価は商品仕入高から期末在庫の金額を控除して求められます。先ほどの八百屋の例で説明すれば、商品仕入高300円－期末在庫100円＝売上原価200円となるのです。

2　期首在庫がある場合

今は期末在庫が発生した場合の売上原価の求め方を説明したのですが、期首に在庫がある場合にはどのような計算になるかを検討してみたいと思います。これは、賢明なみなさんのことですから、もうすでにおわかりだと思いますが、念のためクイズを出してみましょう。

《クイズ》
① 期首商品在庫： 50,000円　② 当期商品仕入高：300,000円
③ 当期商品売上高：250,000円　④ 期末商品在庫：150,000円
この場合の当期売上利益はいくらか？

　まず、売上原価を計算しなければなりませんが、今度は期首商品在庫があります。しかし、これは次の絵を描いてみればただちにわかります。

【図表5-3】期首商品在庫がある場合の売上原価

商　品

| 期首商品在庫 50,000円 | 売上原価 200,000円 |
| 商品仕入高 300,000円 | 期末商品在庫 150,000円 |

　つまり、期首商品在庫がある場合の売上原価は次のようにして求めることができます。

> 売上原価＝当期商品仕入高＋期首商品在庫－期末商品在庫

　したがって、クイズの答は次のようになります。
　売上原価＝300,000円＋50,000円－150,000円＝200,000円
　売上利益＝250,000円－200,000円＝50,000円

STEP 1　売上原価の算定

③ 決算整理仕訳

さて、このからくりを今度は仕訳でやらなければなりません。

期中の取引の仕入勘定残高は三分法のもとで当期商品仕入高を示しています。しかし、上記のように当期商品仕入高は売上原価とは一致しません。現在、費用として計上されている当期商品仕入高を売上原価の金額に修正するにはどうしたらよいでしょうか？

答は簡単です。先ほどのように当期商品仕入高に期首商品在庫を加え、期末商品在庫を引けばよいのです。これを仕訳で示すと、次のようになります。

---**仕訳例**---

(1) 期首商品在庫について　(借)仕　　入　××　(貸)繰越商品　××
(2) 期末商品在庫について　(借)繰越商品　××　(貸)仕　　入　××

この仕訳は次のように解釈するとわかりやすいでしょう。

(1) 期首商品在庫について

期首商品在庫は、前期末では売れ残っていたため、貸借対照表の資産（仕訳のうえでは「繰越商品勘定」を用います）になっていましたが、当期になって売れたので、売上原価を示す仕入勘定（費用）に振り替えます。

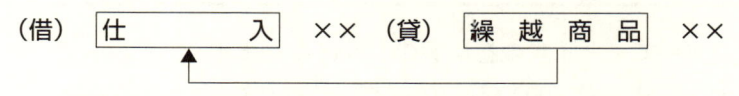

(借) 仕　　入　××　(貸) 繰　越　商　品　××

当期になって売れたので売上原価（仕入）に振り替える

(2) 期末商品在庫について

期末商品在庫は、仕入れたときにもうすでに売れたものとして売上原

価（仕入勘定）に計上していたのですが、実際に売れ残ってしまったので、仕入勘定から繰越商品に振り替え、貸借対照表の資産に計上します。

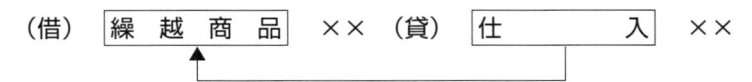

（借）　繰　越　商　品　　××　（貸）　仕　　　　　　入　　××

期末時点で売れていないので商品（資産）に振り替える

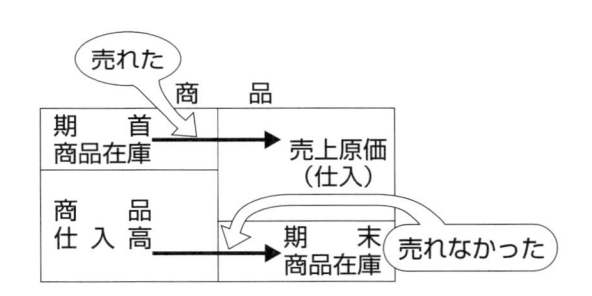

```
┌─────────────┬─────────────┐
│  期　首     │ 売上原価    │ ← 売れた商品
│ 商品在庫    │  （仕入）   │
├─────────────┼─────────────┤
│  商　品     │ 期　　末    │ ← 売れなかった
│ 仕　入　高  │ 商品在庫    │
└─────────────┴─────────────┘
```

　前章の設例の佐々木商店では、決算整理を行う前の段階では、売上高よりも仕入高のほうが大きく、これが原因で赤字になってしまっていました。しかし、今説明したように、佐々木商店は期末在庫を決算整理で仕入高から控除しなければならず、そうすれば売上損益も変わるはずです。

4 期末商品在庫評価額の求め方

　通常、期末（首）商品在庫評価額のことを「期末（首）商品棚卸高」といいますが、当期に仕入れた商品の仕入単価がすべて同じであれば、期末商品棚卸高は簡単に計算することができます。たとえば、次の【設例1】をやってみてください。

> 【設例1】　八百屋が当期においてダイコンを3本、単価100円で仕入れたが、うち1本が期末在庫となった。期末商品棚卸高はいくらか？

　この問に答えられない人はいないですよね。答は「100円」です。ところが、少し前提を変えてみます。今度は【設例2】をやってみてください。

> 【設例2】　八百屋が当期においてダイコンを3本仕入れたが、仕入単価は1本目が100円、2本目は120円、3本目は140円だった。このうち1本が期末在庫となった。期末商品棚卸高はいくらか？

　この問には、いくらで仕入れてきたダイコンが売れ残ったのかがわからないと答えられません。しかし、仕入単価が異なってもダイコンは見た目では区別がつきませんから困ります。たとえば、ダイコンの葉っぱの根もとのあたりに小さく仕入値を書いておくという手もありますが、八百屋で年間売上げるダイコンは何千本何万本でしょうから、いちいちそんなことはやってられません。
　そこで、期末商品棚卸高を計算するための「みなし受払方法」が必要になります。すでに前章の有価証券のところで紹介した「総平均法」や

「移動平均法」などのように、どの商品が売れ、どの商品が残っているのかを決めてあげないと期末商品棚卸高および売上原価の計算ができないのです。これは実際の商品の受払いと同じではなく、あくまでも計算のための「みなし」受払方法なのです。

みなし受払方法として代表的なものは、次の4つです。

先入先出法、後入先出法、総平均法、移動平均法

先ほどの【設例2】のケースで示してみましょう。

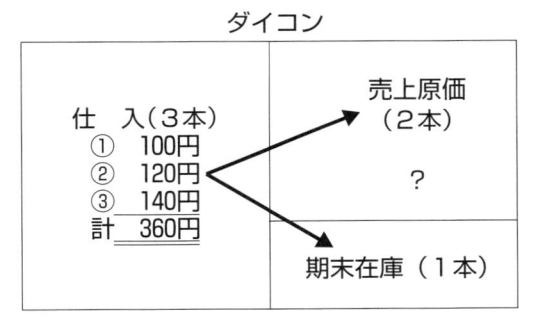

ダイコン

仕　入（3本）
① 100円
② 120円
③ 140円
計 360円

売上原価（2本）
？

期末在庫（1本）

先入先出法は、「先に仕入れたものから先に出す」という方法ですから、売れたダイコンは①と②、売れ残ったダイコンは③と計算します。したがって、期末商品棚卸高は140円となります。

後入先出法は、「後に仕入れたものから先に出す」という方法ですから、売れたダイコンは③と②、売れ残ったダイコンは①と計算します。したがって、期末商品棚卸高は100円となります。

（注）　総平均法と移動平均法については、前章の有価証券のところを参照してください。

5 佐々木商店の決算整理仕訳

(1) 期末商品棚卸高の計算

それでは、前章の佐々木商店の期末商品棚卸高を求めてみましょう。同店のＡ商品の受払状況は次のとおりでした（関係ある部分のみ示します）。

① 3月6日　仕入先外山商会から、Ａ商品300個（単価25,000円）を掛仕入した。商品の引取に当たり、取引運賃30,000円を負担し、現金で支払った。

② 3月7日　得意先永井物産へＡ商品120個を単価30,000円で掛売した。

③ 3月13日　外山商会からＡ商品150個（単価27,080円）を掛仕入した。

④ 3月15日　星野工業にＡ商品210個を単価30,000円で掛売した。

既述のように、佐々木商店はＡ商品を全部で450個仕入れ、330個販売していますから、期末には120個在庫が残っていたはずで、この評価額（期末商品棚卸高）を商品仕入高から控除すれば、正しい売上原価を求めることができます。なお、佐々木商店は設立第1期目のため、期首商品棚卸高はありませんので、期首商品棚卸高に関する調整は不要です。

ところが、Ａ商品の仕入単価は①と③とで異なります。

①の仕入単価：（300個×25,000円＋30,000円）÷300個＝25,100円

③の仕入単価：27,080円

そうなると、期末商品棚卸高を算定するために、みなし受払方法を決めなければなりません。そこで、佐々木商店の受払方法が「先入先出法」であったと仮定して計算を行ってみましょう。

先入先出法による受払状況を図示すると、次のようになります。

【図表５-４】先入先出法による受払状況

Ａ　商　品

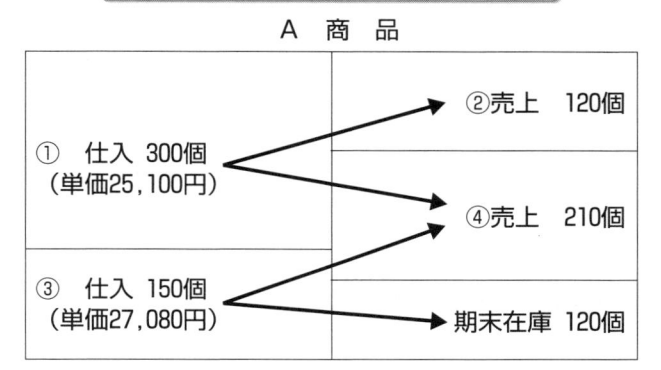

① 仕入 300個
（単価25,100円）

③ 仕入 150個
（単価27,080円）

② 売上　120個

④ 売上　210個

期末在庫　120個

　このように、先入先出法の場合には期末在庫120個は③のときに仕入れた商品から構成されていて、その評価単価は27,080円であることがわかり、期末商品棚卸高は次のように計算されます。

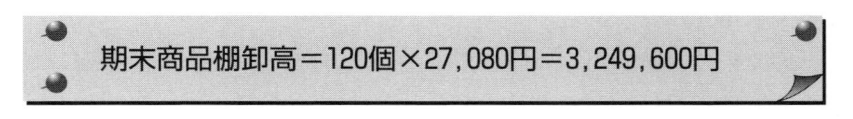

$$期末商品棚卸高＝120個×27,080円＝3,249,600円$$

(2) 決算整理仕訳

したがって、佐々木商店の決算整理仕訳は次のようになります。

仕訳例

《決算整理仕訳－①》
(借)繰 越 商 品　　3,249,600　(貸)仕　　　　入　　3,249,600

STEP 1　売上原価の算定

STEP 2 有価証券の評価替え

1 有価証券の評価方法

　たとえば、100万円で取得した株式の時価が70万円に下落した場合、貸借対照表にはいくらで表示したらよいでしょうか？　意見は次の２つに分かれると思います。

　「貸借対照表の資産はお金の使いみちを示すのだから、取得価額の100万円で表示すべきだ」

　「いやいや、時価が70万円まで下がったのだから、貸借対照表には時価の70万円を表示すべきだ」

　これは長年「取得原価（価額）主義」と「時価主義」の対立問題として議論されてきたのですが、世界の会計基準は「時価主義」が主流を占め、日本においても時価主義が採用されています。したがって、当初の例のように100万円で取得した株式の時価が70万円になったときには、原則としてその評価額を30万円下げる必要が出てきます。もちろん、逆に時価が取得価額を上回ったときには、評価額を上げる必要があります。

　ただし、有価証券のすべてに対して時価主義が適用されるわけではなく、当然「時価」が付いている有価証券がその対象となります。また、時価が付いていても、それを満期まで保有するつもりで取得したもの（満期保有目的有価証券）や子会社株式・関連会社株式については、途中で売却することを想定していませんから、原則として購入時の価額の

まま貸借対照表に表示されます。したがって、時価によって評価されるのは、上場株式などの公開銘柄で、いつか売却することを目的に取得したものに限られます。

売却することを目的として取得した有価証券は、さらに、金融機関や証券会社が保有している有価証券のように、しょっちゅう「売った」、「買った」を繰り返す**「売買目的有価証券」**と、一般の企業が保有する**「その他有価証券」**に分かれます。売買目的有価証券は、時価が上がれば**有価証券評価益（収益）**、下がれば**有価証券評価損（費用）**にその差額を計上することになりますが、その他有価証券については次のように処理されます。

(1) 全部純資産直入法

時価評価を行い、評価差額は**「その他有価証券評価差額金」**として直接純資産の部に計上する方法

① 評価が上がった場合

仕訳例

(借)有 価 証 券　×××　　(貸)その他有価証券評価差額金　×××
　　　　　　　　　　　　　　　　　(純資産)

② 評価が下がった場合

仕訳例

(借)その他有価証券評価差額金　×××　　(貸)有 価 証 券　×××

(2) 部分純資産直入法

含み益のある銘柄の評価差額は純資産の部、含み損のある銘柄の評価差額は損益計算書に計上する方法

① 評価が上がった場合

仕訳例

(借)有 価 証 券　　×××　　(貸)その他有価証券評価差額金　　×××

② 評価が下がった場合

仕訳例

(借)有価証券評価損　　×××　　(貸)有 価 証 券　　×××

2 佐々木商店の決算整理仕訳

　佐々木商店には期末（3月31日）の段階で、上場会社の渡辺製作所の株式が2,000株あります。3月16日に3,000株取得したのですが、3月27日に値上がりしたため、そのうちの1,000株を売却したのでした。
　現在の1株当たりの取得価額は、次のように計算されます。

> 取得価額＝3,000株×1,000円＋30,000円
> 　　　　＝3,030,000円
> 　1株当たりの取得価額＝3,030,000円÷3,000株
> 　　　　　　　　　　＝1,010円

　1株1,010円の株が3月27日に1,300円の値を付けたので、少し売っておこうかなと考えたわけです。
　さて、佐々木商店は3月決算ですから、3月末で貸借対照表を作成しなければなりません。渡辺製作所株式が売買目的有価証券に該当するとすれば、貸借対照表には3月末の時価を示さなければなりません。そこで、時価を調べてみたところ、なんと3月末には900円に値下がりして

いました。4日間で400円もの暴落です。有価証券の値下がり額は、次のように計算されます。

```
有価証券の帳簿価額＝＠1,010円×2,000株＝2,020,000円
有価証券の期末時価＝＠900円×2,000株　＝1,800,000円
差引有価証券評価損　　　　　　　　　　　　220,000円
```

したがって、佐々木商店の決算整理仕訳は次のようになります。

仕訳例

《決算整理仕訳－②》
(借)有価証券評価損　220,000　(貸)有 価 証 券　220,000

STEP 3 減価償却費の計算

1 減価償却とは

　みなさんは今までに減価償却という言葉を聞いたことがあるでしょうか？　聞いたことはあるけれど意味はよくわからないという人が多いと思います。減価償却とは、「適正な期間損益計算のために、収益（売上高）に対応する費用を計上すること」と理解すればよいと思います。といってもよくわかりませんよね。そこで、ある運送会社のトラックを考えてみます。次の《事例》をご覧ください。

《事　例》
① トラック購入代（取得価額）：1,000万円
② トラックの使用可能期間（耐用年数）：5年
③ トラックの年間売上高（運賃収入）：500万円
④ その他の収益・費用は無視

　この運送会社はトラックを1,000万円で購入し、それを利用して荷物を運搬すると、運賃を年間500万円得ることができます。トラックの耐用年数は5年ですから、このトラックによる売上高は5年間で合わせて2,500万円となります。さて、この売上高を上げるための費用はいくらかといいますと、実際にはトラックの燃料費や運転手の人件費、税金などさまざまな費用がかかるのですが、④によりその他の費用は無視（乱

暴ですね）しているのですから、この運送会社は1,000万円でトラックを購入して5年間走らせたら合計2,500万円の売上を得ることができたということになり、結局、利益は1,500万円（＝2,500万円－1,000万円）となります。ここで考えてもらいたいのですが、トラックは最初購入したときにはもちろん新品で、資産に計上されます。しかし、5年使ってしまうと、その価値は0になると考えているのですから、最終的には1,000万円の価値のある資産が価値0になってしまう、つまり、1,000万円のモノが0になってしまうことを想定しています。これは「損」か「得」かを考えれば、もちろん「損」です。「損」をするということは「費用」か「収益」かを考えれば、「費用」です。つまり、この運送会社はトラック購入代1,000万円という費用を計上した結果、運賃収入2,500万円という収益を上げることができ、その結果、差引1,500万円儲けるのです。したがって、5年間の損益をまとめた損益計算書を作成すれば、次のようになります。

【図表5-5】 5年間の損益計算書

運送収益（売上高）	2,500万円
運送費用（トラック購入代）	1,000万円
当期純利益	1,500万円

このように5年間を1事業年度とみなした場合には、簡単に損益計算書を作成することができます。

ところが、残念ながら、損益計算書は1年に1回作成しなければならないのです。《事例》の運送会社の場合には、5回作成しなければなりません。こうなると、少し難しくなってきます。運送収益は年間500万円なのですから、毎年の損益計算書に「運送収益500万円」と書けばよいのですが、問題は費用です。トラック購入代1,000万円はいったいいつの費用に計上したらよいのでしょうか？

一番わかりやすいのは「現金主義」です。つまり、お金を支出したら費用と考える方法です。トラックは最初の年度に購入代を支払っているのですから、トラック購入代1,000万円を最初の年度の費用として計上して損益計算書を作成すると、次のようになります。

【図表5-6】損益計算書①

(単位：万円)

科　目	1期	2期	3期	4期	5期	合計
収　益	500	500	500	500	500	2,500
費　用	1,000	0	0	0	0	1,000
利　益	△500	500	500	500	500	1,500

　このように、トラックの購入代1,000万円を第1期目の費用に計上すると、第1期の利益は△500万円となり、第2期からは毎期500万円の利益が計上されることになります。この第1期の損益計算書をみて、この会社がすばらしい会社と思う人はいるでしょうか？　売上高と同じだけ赤字になっているのですから、誰がみても「ダメ会社」です。しかし、この会社は本当にダメ会社かというと、5年間の合計をみてもらえばわかるように、売上高2,500万円に対して利益が1,500万円も計上される「超優良会社」です。第1期目の損益計算書をみれば「ダメ会社」なのに、5年間の合計では「超優良会社」になってしまうのはどうしてでしょう？

　この答は小学生でもわかります。つまり、「収益は5年にわたって計上されているのに、費用は1年目にしか計上されていないから」ですよね。それだったら、収益に合わせて費用も5年にわたって計上してみたらどうなるでしょう？　【図表5-7】をご覧ください。

第5章　決算整理仕訳を理解しよう

【図表5-7】損益計算書②

(単位:万円)

科目	1期	2期	3期	4期	5期	合計
収 益	500	500	500	500	500	2,500
費 用	200	200	200	200	200	1,000
利 益	300	300	300	300	300	1,500

　上記の損益計算書ならば、第1期目から利益300万円が計上され、「超優良会社」であることがわかります。説明するまでもありませんが、費用200万円はトラックの購入代1,000万円をその使用可能期間5年で割って計算したものです。

　このように、適正な期間損益計算を行うために、固定資産(上記の事例ではトラック)の取得価額(同1,000万円)をその使用可能期間(同5年)にわたって費用として配分する手続のことを**「減価償却」**というのです。減価償却を行うことによって、毎期の損益計算書が正しい利益を表示できるようになるのは上の例のとおりです。

【図表5-8】減価償却とは

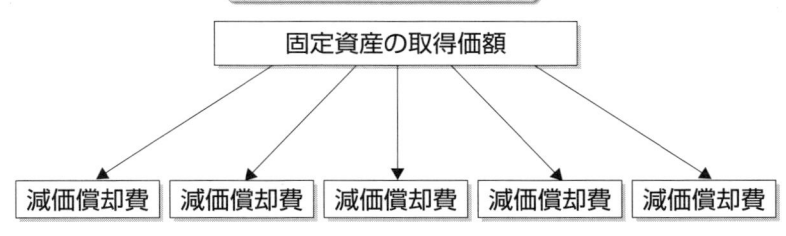

```
        固定資産の取得価額
       ／  ／  ｜  ＼  ＼
   減価償却費 減価償却費 減価償却費 減価償却費 減価償却費
```

各期の費用(減価償却費)として配分する手続=減価償却

STEP3　減価償却費の計算

2 減価償却資産

　減価償却の対象になる資産は、建物や機械装置、車両運搬具、備品などのいわゆる固定資産といわれているもののうち、その耐用年数が1年超で、使用によって徐々にその価値が減少するものです。したがって、土地は原則として価値が減少することがありませんから、減価償却の対象にはなりません。

3 減価償却方法

　減価償却の方法、すなわち各期に配分する固定資産の取得価額の決め方にはいろいろなものがありますが、代表的な減価償却方法は、①旧定額法、②旧定率法、③定額法、④定率法の4つです。
　①と③は、毎期一定額を減価償却費として計上する方法、②と④は、原則として未償却残高（まだ減価償却をしていない金額）に一定率をかけた金額を減価償却費として計上する方法です（【図表5－9】参照）。実務的には、平成19年3月31日までに取得して事業の用に供した固定資産については、①または②が、平成19年4月1日以降の場合には、③または④が適用されます。
　【図表5－9】の算式中の「**耐用年数**」とは、その固定資産が企業の収益獲得に貢献できる年数を指します。ようするに「どれくらい持つか」ということです。また、「**残存価額**」とは、耐用年数経過後の価値のことをいいます。たとえば、トラックの耐用年数が経過しても、そのトラックにはなにがしかの価値があり、下取りに出すときにいくらかで引き取ってもらうことも可能です。その場合にはその下取り価額の推定額が残存価額となります。旧定額法では取得価額の10％を残存価額とみ

【図表5-9】減価償却方法

(1) 旧定額法および定額法

$$減価償却費 = \frac{取得価額 - 残存価額}{耐用年数}$$

旧定額法における残存価額＝取得価額×10％
定額法における残存価額＝0

(2) 旧定率法および定率法
減価償却費＝未償却残高×一定率
未償却残高＝取得価額－減価償却累計額
旧定率法における一定率＝最終的に残存価額が残る割合
定率法における一定率＝原則として定額法の償却率×2.0

なすことになっています。しかし、平成19年4月1日以後取得資産から適用されている定額法では、残存価額は考慮せず、毎期の減価償却費は取得価額を耐用年数で割った金額となります。

旧定額法と定額法の減価償却計算を設例で比較してみましょう。

【設例1】取得価額1,000万円のトラックの旧定額法および定額法による減価償却費の比較（耐用年数：5年）

（単位：円）

年度	旧定額法	定額法	差　額
1	1,800,000	2,000,000	200,000
2	1,800,000	2,000,000	200,000
3	1,800,000	2,000,000	200,000
4	1,800,000	2,000,000	200,000
5	1,800,000	2,000,000	200,000
合計	9,000,000	10,000,000	1,000,000

（注）定額法、定率法ともに、耐用年数経過時点で資産を使用している場合には、「備忘価額1円」が残るように減価償却費が計算されます。

一方、同じ設例で旧定率法と定率法を比較すると、次のようになります。

【設例2】

（単位：円）

年度	旧定率法	定率法	差　額
1	3,690,000	4,000,000	310,000
2	2,328,390	2,400,000	71,610
3	1,469,214	1,440,000	△29,214
4	927,074	1,080,000	152,926
5	584,984	1,080,000	495,016
合計	8,999,662	10,000,000	1,000,338

（注）旧定率法償却率（5年）：0.369、定率法償却率（5年）：0.400

上記のように、定率法の4年目と5年目の減価償却費は同額

【図表5-10】定額法と定率法

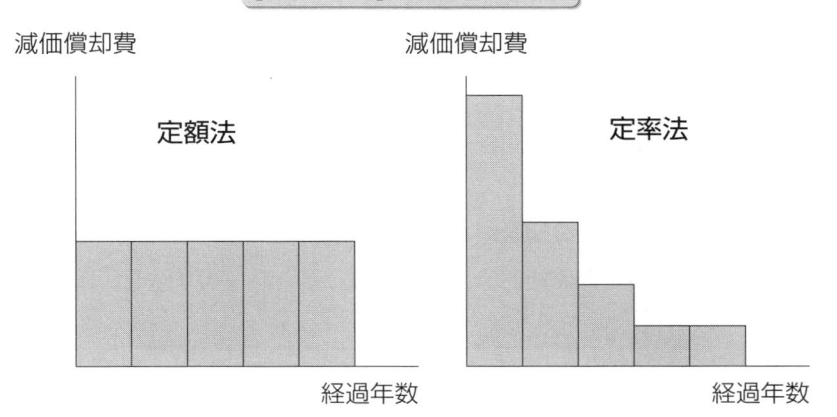

（1,080,000円）となり、3年目までの定率法の償却計算から定額法に切り替わるのですが、そのカラクリについては本書では割愛します。

このように、新旧定額法と定率法を比較すると、定額法は毎期同じ金額が減価償却費として計上されるのに対して、定率法では最初に多額の減価償却費が計上され、徐々にその金額が減少します。そして、どちらの方法によっても最終的に減価償却費として計上される金額の合計額はほぼ同じになります。定額法と定率法のどちらを採用するかは、原則として企業が独自に判断することができます。

なお、減価償却は月割計算によりますから、期の途中に固定資産を取得した場合には、取得してから期末までの月数分の減価償却費を計上します（月未満の端数は切り上げとなります）。

4 会計処理

減価償却費を計上するときの仕訳は、次のようになります。

```
直接法　（借）減価償却費　×××　（貸）固定資産　　　×××
間接法　（借）減価償却費　×××　（貸）減価償却累計額　×××
```

ここにおける「直接法」とは、減価償却費相当額を直接建物や車両運搬具などの固定資産から控除する方法を指し、「間接法」は、固定資産を直接減額するのではなく、減価償却累計額という固定資産を間接的に控除する勘定に蓄積していく方法を指します。間接法の場合には、固定資産の取得価額と減価償却累計額、さらに帳簿価額（未償却残高）を貸借対照表で把握することができますから、その固定資産が新しいのか古いのかを推定するときに便利です。

【図表5-11】直接法と間接法

《直接法》		《間接法》	
貸借対照表		貸借対照表	
車両運搬具	600万円	車両運搬具	600万円
		（注）有形固定資産減価償却累計額　400万円	

直接法と間接法のどちらを採用するかについても、企業が独自に判断することができます。

5 佐々木商店の決算整理仕訳

　佐々木商店には、期末時点で車両運搬具1,000,000円と備品150,000円があり、これらについて減価償却費を計上する必要があります。これらの固定資産の減価償却に関する前提条件を次のように仮定して減価償却費を計算してみましょう。

摘　要	車両運搬具	備　品
耐用年数	5年	5年
減価償却方法	定額法	定率法

（注）耐用年数5年の償却率　定額法：0.200、定率法：0.400

(1) 車両運搬具の減価償却費
　　1,000,000円×0.200×1/12（注）＝16,666円
(2) 備品の減価償却費
　　150,000円×0.400×1/12（注）＝5,000円
　　減価償却費合計＝16,666円＋5,000円＝21,666円
（注）　いずれも3月に取得しているので、減価償却費は月割計算を行っています。

　したがって、佐々木商店の決算整理仕訳は、次のようになります。なお、減価償却費の会計処理は「直接法」によっています。

---仕訳例---

《決算整理仕訳－③》
(借)減価償却費　　21,666　　(貸)車両運搬具　　16,666
　　　　　　　　　　　　　　　　　備　　品　　　5,000

STEP3　減価償却費の計算

STEP 4 貸倒引当金の設定

1 貸倒引当金とは

　たとえば、ある企業に期末日現在で売掛金が100万円ありました。その内訳は次のようになっています。

```
売掛金残高内訳　　A商店　50万円
　　　　　　　　　B商店　40万円
　　　　　　　　　C商店　10万円
　　　　　　　　　合　計　100万円
```

　このうちA商店とB商店の売掛金はまず間違いなく入金されると予想されますが、C商店は「？」マークが付きます。C商店はどうも倒産の危機にあるらしいといったうわさが飛び交っています。つまり、C商店の命運は「風前の灯火」状態なのです。
　さて、このようななかにあっても貸借対照表は作成しなければなりません。それでは、この企業は貸借対照表の資産に売掛金をいくらで表示したらよいでしょうか？
　法律上の債権はあくまでも100万円あるのだから、貸借対照表にも100万円と表示すべきだ、と考える人もいるでしょうが、もし、貸借対照表に「売掛金100万円」と表示すると、貸借対照表を見た人は、「もう少ししたらこの企業には売掛金が100万円入金される」と思ってしまうでし

ょう。これは明らかに「うそ」を表示したことになってしまいます。

　それでは、「売掛金90万円」と表示したらよいかというと、これも問題です。なぜかといえば、Ｃ商店は倒産直前の「棺桶片足」状態ではありますが、まだあの世には行っていないのです。すなわち、この企業にとってＣ商店の売掛金は経済的には価値が０になってしまったものの、法律的にはまだ存在しているのです。それを売掛金90万円と表示したら、法律的にも債権が消滅したことになってしまいます。

　そこで、次のように表示すればこの問題を解決できます。

貸借対照表

| 売　　掛　　金 | 100万円 |
| 回収できそうも
な　い　金　額 | △10万円 |

　これならば、「法律上の売掛金は100万円あるけれども、そのうち回収できないと思われる金額が10万円あるため、現在、貸借対照表の資産に計上されている金額は差引90万円です」ということが情報として伝わってきます。この「回収できそうもない金額」にあたるのが、**貸倒引当金**です。したがって、貸倒引当金は、通常資産から控除される形で表示されます。

② 貸倒引当金の会計処理

貸倒引当金は、回収できそうもない債権のことですから、貸倒引当金が増えることは企業にとって得か損かと考えれば、もちろん損→純資産の減少→費用となります。したがって、貸倒引当金を設定する取引の仕訳は、費用の計上仕訳となり、次のようになります。

仕訳例

(借)貸倒引当金繰入　×××　(貸)貸倒引当金　×××

借方の「貸倒引当金繰入」はもちろん費用です。

【設例1】　期末売掛金残高10,000,000円のうちの2％に相当する金額が回収に疑問ありと判断されたため、貸倒引当金を設定する。
(借)貸倒引当金繰入　200,000　(貸)貸倒引当金　200,000

【設例2−1】　翌期になり、売掛金150,000円が貸倒れとなった。
(借)貸倒引当金　150,000　(貸)売　掛　金　150,000

【設例2−2】　翌期になり、売掛金250,000円が貸倒れとなった。
(借)貸倒引当金　200,000　(貸)売　掛　金　250,000
　　貸倒損失　　50,000

なお、前期末に計上した貸倒引当金残高がある状態で当期の決算整理においてさらに貸倒引当金を計上する場合には、次の①洗替え法と②差額補充法があります。

> 【設例3】 期末売掛金残高12,000,000円のうちの2％に相当する金額が回収に疑問ありと判断されたため、貸倒引当金を設定する。
> 　　なお、前期に計上した貸倒引当金が50,000円残っている。
> ① 洗替え法
> (借)貸 倒 引 当 金　　　50,000　(貸)貸倒引当金戻入　　　50,000
> 　　貸倒引当金繰入　　240,000　　貸 倒 引 当 金　　240,000
> （注）　貸倒引当金戻入（もどしいれ）は収益に分類されます。
> ② 差額補充法
> (借)貸倒引当金繰入　　190,000　(貸)貸 倒 引 当 金　　190,000

　前期計上の貸倒引当金をいったん戻し入れて収益に計上し、残高を0にしてから、改めて当期分の繰入を行うのが洗替え法、貸倒引当金勘定残高を現在の50,000円から240,000円にするために差額190,000円を繰入れるのが差額補充法です。

　実務では、ほとんど差額補充法が用いられています。

③ 佐々木商店の決算整理仕訳

　佐々木商店には、期末現在、売掛金が6,000,000円あります。これは実際にはすべて星野工業に対するもので、そのうちの一部が回収不能ということは通常はありえません。

　しかし、それでは話が先に進みませんので、このうちの1％相当額すなわち60,000円について回収の可能性がないものとみなして、決算整理仕訳を起こしてみましょう。

仕訳例

《決算整理仕訳－④》
(借)貸倒引当金繰入　　60,000　(貸)貸倒引当金　　60,000

　実は法人税法上、中小企業に対しては業種によって定めた割合によって、債権の一部について貸倒引当金を計上することができることになっていますので、上記のような会計処理を行うこともありえるのです。

STEP 5 費用・収益の見越し・繰延べ

1 費用・収益の見越し・繰延べとは

　これは表題の意味がまずわかりません。「見越し」、「繰延べ」の日本語としての意味はいったい何？　となってしまいますよね。しかし、内容はきわめて単純なことですから安心してください。

(1)　支払家賃の繰延べ

　たとえば、ある企業が店舗を賃借するケースを考えてみましょう。1か月の賃料は10万円、この家賃を2月1日にまとめて6か月分支払ったとしましょう。景気のいい企業ですね。

　このときの取引の仕訳は、次のとおりになります。

仕訳例

2／1 (借)支 払 家 賃　　600,000　(貸)現　　　　金　　600,000

　仮にこの企業が3月決算だとすると、このままでは損益計算書に表示される支払家賃は600,000円となってしまいます。これはおかしくないですか？　なぜならば、この企業は2月に店舗を借りて3月末までの2か月しか使っていないのに、家賃を6か月分前払いしたおかげで、7月までの家賃が全部費用として計上されてしまうからです。

　つまり、前払いした家賃600,000円は支払ったときの費用になるのではなく、やはり使用した期間に対応する部分の費用として処理すべきで

【図表5-12】支払家賃の期間帰属

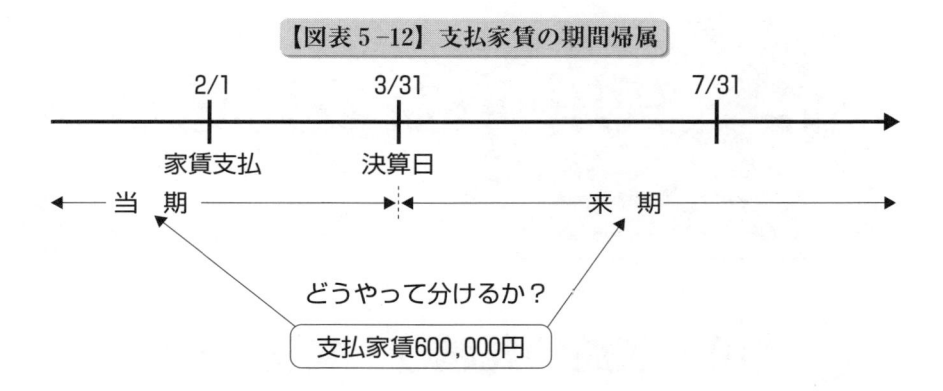

```
        2/1        3/31              7/31
─────────┼──────────┼─────────────────┼─────→
        家賃支払    決算日
   ←── 当  期 ──→ ←──── 来  期 ────→
              どうやって分けるか？
              支払家賃600,000円
```

はないかということなのです。その考え方に従えば、当期の支払家賃は、2月〜3月分の200,000円とすべきであり、4月〜7月の4か月分400,000円は来期の費用として取り扱うべきです。したがって、現在の支払家賃600,000円の状態を修正する必要が生じます。

600,000円の支払家賃を200,000円に修正するためには、400,000円減額すればよいのですが、仕訳でやるにはどうするかが問題です。ここで登場するのが**「前払費用勘定」**です。この勘定は「費用」という言葉が付いていますが、実は「資産」です。家賃は支払った時点でその全額が費用になるわけではなく、支払った金額のうち当期の売上高に対応する部分が費用（支払家賃）になり、来期の売上高に対応する（すなわち当期の売上高に対応しない）部分は資産（前払費用）として処理されます。

この企業は店舗を借りてそこで商品を販売しているのでしょう。そして3月決算を迎えました。3月末日から見ると、2月・3月は過去、4月〜7月は未来です。したがって、2月1日に支払った家賃600,000円のうち、2月・3月分の200,000円はすでに売上に貢献しています。しかし、4月〜7月分の400,000円はまだ売上には貢献していませんから、前払費用という資産勘定に振り替える必要が生じるのです。

支払家賃の決算修正仕訳は次のようになります。

第5章　決算整理仕訳を理解しよう

仕訳例

3／31(借)前 払 費 用　400,000　(貸)支 払 家 賃　400,000

そして、翌期の4月1日になったら、この逆仕訳を行います。

仕訳例

4／1(借)支 払 家 賃　400,000　(貸)前 払 費 用　400,000

この結果、2月に前払いした家賃600,000円は、当期の費用として200,000円と、来期の費用として400,000円に割り振られたことになります。このように、前払費用は当期に支払った費用を来期の費用として繰り延べるときに用いられ、決算のときに経過的に使用される勘定であるため、「**経過勘定**」ともいわれます。

(2) 収益の繰延べ

今度は、先ほどの店舗を賃貸した企業を考えてみましょう。

この企業は2月1日に家賃600,000円を受け取っていますから、次の仕訳を行っています。

仕訳例

2／1(借)現　　　金　600,000　(貸)受 取 家 賃　600,000

この企業も3月決算だと仮定すれば、このままでは6か月分の家賃が収益として損益計算書に表示されてしまいます。しかし、本来は2月・3月の2か月分（200,000円）が正しい受取家賃ですから、これを次のような仕訳で修正する必要が生じます。

仕訳例

3／31(借)受 取 家 賃　400,000　(貸)前 受 収 益　400,000

貸方の「**前受収益勘定**」は、「収益」と言葉が付いていますが、「負

債」です。3月末の時点から見て2月・3月分の家賃は賃借人から返せといわれても返す必要はありませんが、4月～7月分はまだ貸していないのですから、返せといわれたら返さなければならない金額です。返さなければならない金額は「負債」でしたね。

この場合も、翌期の4月1日になったら次の逆仕訳を行います。

─ 仕訳例 ─

4／1（借）前 受 収 益　400,000　（貸）受 取 家 賃　400,000

この結果、2月1日に受け取った家賃600,000円は、当期の受取家賃200,000円と来期分の受取家賃400,000円に振り分けられました。

(3) 費用の見越し

今度は見越し計上について説明しましょう。

たとえば、ある企業が取引先から2月1日に10,000,000円の資金を借り入れたとします。その借入条件は次のとおりです。

① 元利返済日：半年後（7月31日）
② 借入利率：年3％（注：利息計算は月割で行っています）

この資金を借り入れた会社が3月決算だと仮定します。

この会社が資金を借り入れたときの仕訳は、次のとおりになります。

─ 仕訳例 ─

2／1（借）現 金 預 金　10,000,000　（貸）借　入　金　10,000,000

この会社は3月末までに1円も利息を支払っていませんから、このまま決算を終えると、この会社の支払利息は0となってしまいます。しかし、実際には決算日までの2か月間資金を借り入れたのですから、もし毎月利息を支払うという契約になっていれば、この会社は次の利息を支払っていたはずです。

10,000,000円×3％×2月／12月＝50,000円

確かに利払日は半年後なので、決算日までに利息を支払う必要はなかったのですが、資金を借り入れたことに伴う利息（費用）は、支払っていなくとも発生してしまったと考えることができます。つまり、本来支払わなければならない利息50,000円が期末時点において未払になっていると考えるのです。
　この結果、決算修正において次の仕訳を作成します。

仕訳例

3／31　（借)支　払　利　息　　50,000　（貸)未　払　費　用　　50,000

　貸方の未払費用は「本来支払わなければならない利息（費用）で未払になっているもの」なので負債になります。
　そして、翌期の4月1日になったら、この逆仕訳を行います。

仕訳例

4／1　（借)未　払　費　用　　50,000　（貸)支　払　利　息　　50,000

　このままですと、翌期の支払利息がマイナス（△50,000円）となってしまいますが、7月31日の元利返済日には次のように処理されます。

仕訳例

7／31　（借)借　入　金　　10,000,000　（貸)現金預金　　10,150,000
　　　　　　支払利息　　　 150,000(注)

（注）　支払利息＝10,000,000円×3％×6月／12月＝150,000円

　この処理の結果、翌期の支払利息は100,000円（＝150,000円－50,000円）となり、4月～7月分が支払利息として翌期の費用に計上されます。この一連の会計処理によって、7月31日に支払われる利息150,000円が当期（3月31日に終了する事業年度）の利息50,000円と、翌期（4月1日に開始する事業年度）の利息100,000円に分けられたことになります。

STEP 5　費用・収益の見越し・繰延べ

【図表 5-13】支払利息の期間帰属

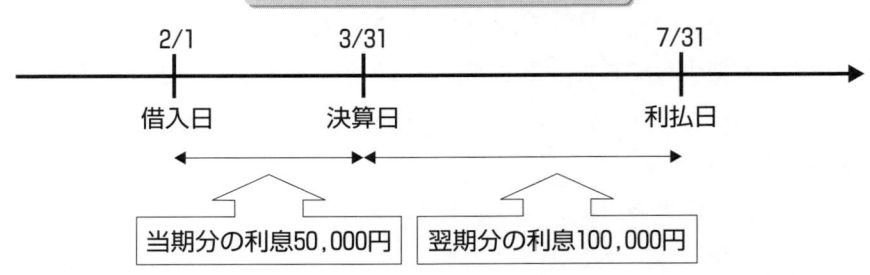

```
        2/1         3/31              7/31
         |           |                 |
        借入日      決算日             利払日
         <----------><----------------->
         当期分の利息50,000円  翌期分の利息100,000円
```

(4) 収益の見越し

今度は先ほどの会社に資金を貸し付けた会社の事例を検討してみましょう。やはり3月決算と仮定します。

この会社も、受取利息の金額を正しく計算するためには、次の一連の仕訳が必要になります。

仕訳例

2/1 (借)貸　付　金　10,000,000　　(貸)現金預金　10,000,000

仕訳例

3/31 (借)未　収　収　益　　50,000　　(貸)受　取　利　息　　50,000

仕訳例

4/1 (借)受　取　利　息　　50,000　　(貸)未　収　収　益　　50,000

仕訳例

7/31　(借)現金預金　10,150,000　　(貸)受取利息　　　150,000
　　　　　　　　　　　　　　　　　　　　貸付金　　10,000,000

決算日に計上された「未収収益」は、「本来受け取ることができる利息（収益）で未収になっているもの」を示し、この仕訳と翌日（4月1

日）の逆仕訳を行うことにより、受取利息は正しく期間按分されます。

② 経過勘定

このように、期間の経過によって発生する費用・収益については、資金の収入・支出とは別に、その期間に帰属する損益を計算し、決算整理によって正しい費用・収益を損益計算書に表示する必要が生じます。このときに決算整理で使用する勘定科目が「経過勘定科目」です。

経過勘定科目には次の4種類があります。

【図表 5-14】経過勘定科目

相手勘定 B/S表示	費　用	収　益
資　　産	前払費用	未収収益
負　　債	未払費用	前受収益

③ 佐々木商店の決算整理仕訳

佐々木商店において費用・収益の見越し・繰延べに関係ある項目は次のとおりです。

① 事務所兼倉庫の賃借料を3月1日に5月分までまとめて600,000円支払っている。

② 3月18日に東西銀行から5,000,000円を借り入れているが、期末までに利息が未払いである。

①については、すでに説明したのでわかると思いますが、佐々木商店は4月・5月分の家賃合計400,000円が現時点では支払家賃600,000円の中に含まれています。これは来期の費用として処理すべきですから、次の決算整理仕訳が必要になります。

> **仕訳例**
>
> 《決算整理仕訳－⑤》
> (借)前払費用　　400,000　(貸)支払家賃　　400,000

　一方、借入金利息については、3月18日に借入利率年3％の条件で東西銀行から5,000,000円を借り入れ、その利息は半年ごとに後払いすることになっていますから、最初の利払日は9月18日となり、それまでは利息を支払う必要はありません。しかし、佐々木商店は3月18日から3月31日の14日間（両端入れ）資金を借りた状態で期末を迎えていますから、その間の利息はすでに発生していると考えることができます（注：銀行からの借入金利息は日割計算によって算定します）。そこで、実際にはまだ払う義務は生じていませんが、適正な費用を計算するための経過勘定項目である「**未払費用**」を使って、次の決算整理仕訳を行います。

> **仕訳例**
>
> 《決算整理仕訳－⑥》
> (借)支 払 利 息　　5,753　(貸)未 払 費 用　　5,753

未払費用の計算
5,000,000円× 3 ％×14日／365日＝5,753円

【図表5-15】未払費用の計上

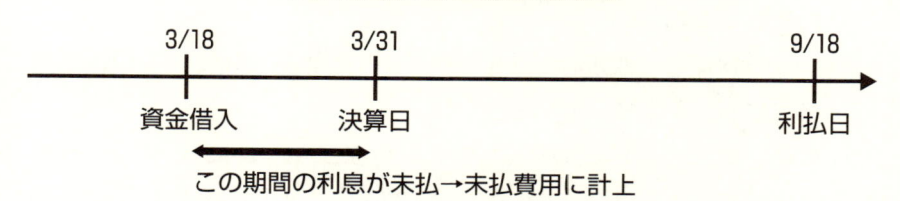

```
        3/18          3/31                    9/18
         |             |                       |
         +-------------+-----------------------+──→
        資金借入      決算日                  利払日
         ←―――――――――→
         この期間の利息が未払→未払費用に計上
```

　未払費用を用いることによって、支払利息を見越し計上したことになります。

STEP 6 財務諸表の作成

　以上、佐々木商店に関してさまざまな決算修正仕訳を作成しました。まとめると、次の6つです。

(単位：円)

#	借　方	金　額	貸　方	金　額
①	繰　越　商　品	3,249,600	仕　　　　　入	3,249,600
②	有価証券評価損	220,000	有　価　証　券	220,000
③	減　価　償　却　費	21,666	車　両　運　搬　具 備　　　　　品	16,666 5,000
④	貸倒引当金繰入	60,000	貸　倒　引　当　金	60,000
⑤	前　払　費　用	400,000	支　払　家　賃	400,000
⑥	支　払　利　息	5,753	未　払　費　用	5,753

　先ほどの試算表（これを決算整理前試算表といいます）にこれらの決算整理仕訳を加味すれば、財務諸表ができあがります。これらを財務諸表に反映させるためには、本来は再び簿記一巡の手続に従って、仕訳→仕訳帳→総勘定元帳→試算表→財務諸表と進めることとなるのですが、簡便法として**「精算表」**を作成する方法があります。精算表は、決算整理前試算表を一番左側にして、間に決算整理仕訳、右側に損益計算書と貸借対照表の欄を設けており、一度に決算整理仕訳を反映した財務諸表を作成することができます。

　今回は精算表の形で作成過程を示してみましょう。次ページを見てください。

精　算　表

株式会社佐々木商店　　　　　　　　　　　　　　　　　　　　　　　　　　　　（単位：円）

勘定科目	決算整理前試算表 借方	決算整理前試算表 貸方	決算整理仕訳 借方	決算整理仕訳 貸方	損益計算書 借方	損益計算書 貸方	貸借対照表 借方	貸借対照表 貸方
現　　　　　金	701,300						701,300	
当　座　預　金	10,508,400						10,508,400	
売　　掛　　金	6,000,000						6,000,000	
有　価　証　券	2,020,000			② 220,000			1,800,000	
立　　替　　金	24,000						24,000	
車　両　運　搬　具	1,000,000			③ 16,666			983,334	
備　　　　　品	150,000			③ 5,000			145,000	
差　入　保　証　金	1,000,000						1,000,000	
支　払　手　形		3,750,000						3,750,000
買　　掛　　金		4,062,000						4,062,000
借　　入　　金		5,000,000						5,000,000
未　　払　　金		1,000,000						1,000,000
預　　り　　金		20,000						20,000
資　　本　　金		10,000,000						10,000,000
売　　　　　上		9,855,000				9,855,000		
受　取　利　息		30,000				30,000		
有価証券売却益		270,000				270,000		
仕　　　　　入	11,592,000		① 3,249,600		8,342,400			
給　与　手　当	200,000				200,000			
支　払　家　賃	600,000			⑤ 400,000	200,000			
旅　費　交　通　費	58,000				58,000			
交　　際　　費	27,000				27,000			
通　　信　　費	56,700				56,700			
水　道　光　熱　費	36,600				36,600			
手　形　売　却　損	10,000				10,000			
雑　　　　　損	3,000				3,000			
繰　越　商　品			① 3,249,600				3,249,600	
有価証券評価損			② 220,000		220,000			
減　価　償　却　費			③ 21,666		21,666			
貸倒引当金繰入			④ 60,000		60,000			
貸　倒　引　当　金				④ 60,000				60,000
前　払　費　用			⑤ 400,000				400,000	
未　払　費　用				⑥ 5,753				5,753
支　払　利　息			⑥ 5,753		5,753			
当　期　純　利　益					913,881			913,881
合　　　　　計	33,987,000	33,987,000	3,957,019	3,957,019	10,155,000	10,155,000	24,811,634	24,811,634

（注）決算整理仕訳欄の番号は、前ページ決算整理仕訳番号を示しています。

精算表から転記して財務諸表を作成すると、次のようになります。

貸借対照表 （単位：円）

借方	金額	貸方	金額
現　　　　　　　金	701,300	支　払　手　形	3,750,000
当　座　預　金	10,508,400	買　　掛　　金	4,062,000
売　　掛　　金	6,000,000	借　　入　　金	5,000,000
貸　倒　引　当　金	△60,000	未　　払　　金	1,000,000
有　価　証　券	1,800,000	預　　り　　金	20,000
商　　　　　品	3,249,600	未　払　費　用	5,753
立　　替　　金	24,000	資　　本　　金	10,000,000
前　払　費　用	400,000	繰越利益剰余金	913,881
車　両　運　搬　具	983,334		
備　　　　　品	145,000		
差　入　保　証　金	1,000,000		
	24,751,634		24,751,634

損益計算書 （単位：円）

借方	金額	貸方	金額
売　上　原　価	8,342,400	売　　上　　高	9,855,000
給　与　手　当	200,000	受　取　利　息	30,000
支　払　家　賃	200,000	有価証券売却益	270,000
減　価　償　却　費	21,666		
旅　費　交　通　費	58,000		
交　　際　　費	27,000		
通　　信　　費	56,700		
水　道　光　熱　費	36,600		
貸倒引当金繰入	60,000		
支　払　利　息	5,753		
手　形　売　却　損	10,000		
有価証券評価損	220,000		
雑　　　　　損	3,000		
当　期　純　利　益	913,881		
	10,155,000		10,155,000

　このように、決算整理を行って正しい財務諸表を作成することによって、佐々木商店は設立第1期から当期純利益が913,881円計上された企業であることがわかりました。

前ページの株式会社佐々木商店の財務諸表は、「勘定式」と言われている形式で示されたものです。しかし、実際の財務諸表は、2、3ページに示したように、損益計算書は「報告式」で作成されます。また、貸借対照表も、同じ勘定式でももう少し分かりやすい様式で示されるのが普通です。以下に、通常の形式で作成した財務諸表を示します。

株式会社佐々木商店

貸借対照表

令和X年3月31日現在　　　　　　　（単位：円）

資産の部		負債の部	
科　目	金　額	科　目	金　額
【流動資産】	22,623,300	【流動負債】	13,837,753
現　金　預　金	11,209,700	支　払　手　形	3,750,000
売　　掛　　金	6,000,000	買　　掛　　金	4,062,000
有　価　証　券	1,800,000	短　期　借　入　金	5,000,000
商　　　　　品	3,249,600	未　　払　　金	1,000,000
立　　替　　金	24,000	預　　り　　金	20,000
前　払　費　用	400,000	未　払　費　用	5,753
貸　倒　引　当　金	△60,000	負債合計	13,837,753
【固定資産】	2,128,334	純資産の部	
（有形固定資産）	1,128,334	【株主資本】	
車　両　運　搬　具	983,334	（資　本　金）	10,000,000
備　　　　　品	145,000	資　　本　　金	10,000,000
（投資その他の資産）	1,000,000	（利益剰余金）	913,881
差　入　保　証　金	1,000,000	繰越利益剰余金	913,881
		純資産合計	10,913,881
資産合計	24,751,634	負債・純資産合計	24,751,634

第5章　決算整理仕訳を理解しよう

株式会社佐々木商店

損益計算書

自令和×年4月1日　至令和×年3月31日　　（単位：円）

科　目	金　額	
【売　　上　　高】		9,855,000
【売　　上　　原　　価】		8,342,400
売　上　総　利　益		1,512,600
【販売費及び一般管理費】		
給　　与　　手　　当	200,000	
支　　払　　家　　賃	200,000	
減　価　償　却　費	21,666	
旅　費　交　通　費	58,000	
交　　　際　　　費	27,000	
通　　　信　　　費	56,700	
水　道　光　熱　費	36,600	
貸倒引当金繰入	60,000	659,966
営　　業　　利　　益		852,634
【営　業　外　収　益】		
受　　取　　利　　息	30,000	
有価証券売却益	270,000	300,000
【営　業　外　費　用】		
支　　払　　利　　息	5,753	
手　形　売　却　損	10,000	
有価証券評価損	220,000	
雑　　　　　　　損	3,000	238,753
当　期　純　利　益		913,881

決算整理仕訳までを含んだ簿記一巡手続をまとめると、次のようになります。

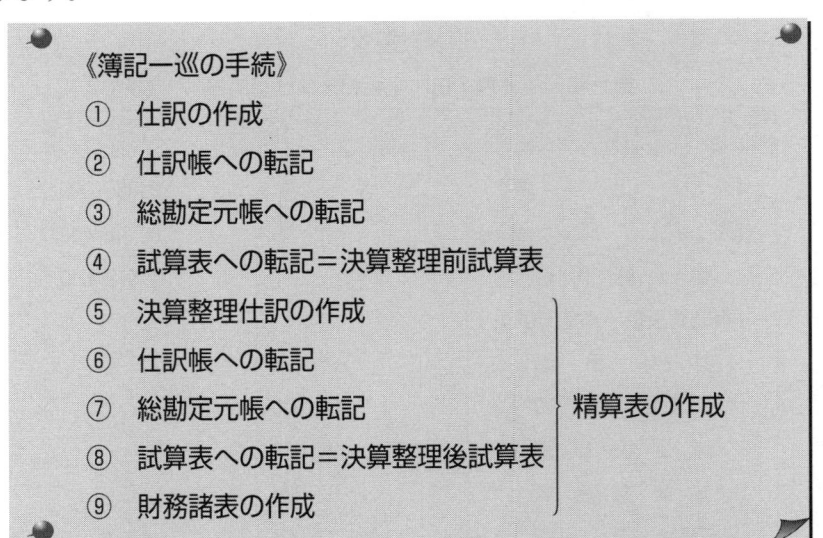

《簿記一巡の手続》
① 仕訳の作成
② 仕訳帳への転記
③ 総勘定元帳への転記
④ 試算表への転記＝決算整理前試算表
⑤ 決算整理仕訳の作成 ⎫
⑥ 仕訳帳への転記　　 ｜
⑦ 総勘定元帳への転記 ｝ 精算表の作成
⑧ 試算表への転記＝決算整理後試算表 ｜
⑨ 財務諸表の作成　　 ⎭

練習問題5 次の取引の仕訳を示しなさい。

(1) 期首商品棚卸高：100,000円、期末商品棚卸高：150,000円のとき、三分法による決算整理仕訳は？
(2) 売買目的有価証券期末帳簿残高：500,000円、期末時価：450,000円のとき、時価主義に基づく評価修正の仕訳は？
(3) 期末売掛金残高：5,000,000円の2％に対して貸倒引当金を設定するときの仕訳は？
(4) 建物取得価額：4,000,000円、耐用年数：20年、残存価額：400,000円、減価償却方法：旧定額法のとき、当期の減価償却費計上の仕訳は？
　　ただし、建物は3年前に取得している。
(5) 3月決算の会社が12月1日に1年分の火災保険料120,000円を支払っているが、決算整理仕訳は？
(6) 借入金利息500,000円が期末時点で未払いになっているが、このときの決算整理仕訳は？

※ 解答は巻末にあります。

◆総合問題◆

次の期末修正事項に基づいて精算表を完成しなさい。
　なお、会計期間は令和×1年4月1日から令和×2年3月31日までの1年間である。

(1) 売掛金の期末残高に対し、2％の貸倒れを見積もる。なお、貸倒引当金は期末残高に補充する方法による。
(2) 売買目的有価証券に対し20,000円の評価損を計上する。
(3) 期末商品棚卸高は240,000円である。なお、売上原価は「仕入」の行で計算する。
(4) 建物に対し定額法によって減価償却を行う。なお、取得価額は1,000,000円、耐用年数は25年である。
(5) 毎月の地代は、15,000円であり、毎年1月1日に向こう1年分を前払いしている。
(6) 支払保険料のうち、60,000円は平成×1年10月1日から×2年9月30日までの支払分である。
(7) 借入金に対する利息につき、12,000円の未払分がある。

＊　解答は巻末にあります。

精　算　表

(単位：円)

勘定科目	決算整理前試算表 借方	決算整理前試算表 貸方	決算整理仕訳 借方	決算整理仕訳 貸方	損益計算書 借方	損益計算書 貸方	貸借対照表 借方	貸借対照表 貸方
現　　　　　金	214,000							
売　　掛　　金	500,000							
有　価　証　券	350,000							
繰　越　商　品	200,000							
建　　　　　物	1,000,000							
買　　掛　　金		484,000						
借　　入　　金		500,000						
貸　倒　引　当　金		3,000						
減価償却累計額		450,000						
資　　本　　金		800,000						
売　　　　　上		2,350,000						
受　取　配　当　金		25,000						
仕　　　　　入	1,420,000							
給　料　手　当	485,000							
支　払　地　代	315,000							
支　払　保　険　料	90,000							
支　払　利　息	38,000							
	4,612,000	4,612,000						
貸倒引当金繰入								
有価証券評価損								
減　価　償　却　費								
(　　　　)地代								
(　　　　)保険料								
(　　　　)利息								
当　期（　　　　）								

総合問題

〈練習問題解答〉

【練習問題1－1】
①　貸借対照表、②　使いみち（または運用形態）、③　期末純資産
④　負債、⑤　純資産、⑥　損益計算書、⑦　株主資本等変動計算書

【練習問題1－2】
A　資産に属するもの：②、③
B　負債に属するもの：④、⑨
C　純資産に属するもの：①、⑦
D　費用に属するもの：⑤、⑩
E　収益に属するもの：⑥、⑧

【練習問題1－3】
①　3,540　②　9,100　③　780　④　9,020　⑤　4,650　⑥2,350

【練習問題2－1】
①　仕訳帳、②　総勘定元帳、③　財務諸表

【練習問題2－2】
①　左右の合計金額の一致を確認することによって、取引の集計が正確であることを検証する。
②　財務諸表作成のための基データとなる。
　　資金の使いみちを資産と費用、資金の出どころを負債・純資産と収益に分類することによって財務諸表を作成することができる。

【練習問題2－3】
(1)　(借)当　座　預　金　　500万円　　(貸)資　　本　　金　　500万円
(2)　(借)建　　　　　物　　200万円　　(貸)当　座　預　金　　200万円
(3)　(借)現　　　　　金　　100万円　　(貸)当　座　預　金　　100万円

(4)	(借)給 与 手 当	70万円	(貸)現　　　　金	70万円
(5)	(借)当 座 預 金	300万円	(貸)借　入　金	300万円
(6)	(借)当 座 預 金	100万円	(貸)受 取 手 数 料	100万円
(7)	(借)土　　　地	400万円	(貸)未　払　金	400万円
(8)	(借)借　入　金	100万円	(貸)当 座 預 金	105万円
	支 払 利 息	5万円		
(9)	(借)未　払　金	400万円	(貸)当 座 預 金	400万円

【練習問題3】

(1) 各取引の仕訳（単位：円）

①	(借)当 座 預 金	500,000	(貸)運 送 収 益	500,000
②	(借)燃　料　費	10,000	(貸)現　　　　金	10,000
③	(借)現　　　　金	300,000	(貸)当 座 預 金	300,000
④	(借)当 座 預 金	2,000,000	(貸)借　入　金	2,000,000
⑤	(借)支 払 利 息	27,000	(貸)当 座 預 金	27,000
⑥	(借)未　払　金	1,000,000	(貸)当 座 預 金	1,000,000
⑦	(借)給 与 手 当	850,000	(貸)当 座 預 金	850,000

(2) 総勘定元帳

現　金

修 正 前 残 高	21,950	②燃　料　費	10,000
③当 座 預 金	300,000	期 末 残 高	311,950
	321,950		321,950

当 座 預 金

修 正 前 残 高	386,400	③現　　　　金	300,000
①運 送 収 益	500,000	⑤支 払 利 息	27,000
④借　入　金	2,000,000	⑥未　払　金	1,000,000
		⑦給 与 手 当	850,000
		期 末 残 高	709,400
	2,886,400		2,886,400

建　　物

修 正 前 残 高	2,500,000	期 末 残 高	2,500,000

車両運搬具

修 正 前 残 高	4,670,300	期 末 残 高	4,670,300

土　　地

修 正 前 残 高	6,806,100	期 末 残 高	6,806,100

借　入　金

期 末 残 高	7,000,000	修 正 前 残 高	5,000,000
		④当 座 預 金	2,000,000
	7,000,000		7,000,000

未　払　金

⑥当 座 預 金	1,000,000	修 正 前 残 高	2,500,000
期 末 残 高	1,500,000		
	2,500,000		2,500,000

資　本　金

期 末 残 高	5,000,000	修 正 前 残 高	5,000,000

運 送 収 益

期 末 残 高	7,900,000	修 正 前 残 高	7,400,000
		①当 座 預 金	500,000
	7,900,000		7,900,000

受 取 利 息

期 末 残 高	18,170	修 正 前 残 高	18,170

給与手当

修正前残高	3,650,000	期末残高	4,500,000
⑦当座預金	850,000		
	4,500,000		4,500,000

燃料費

修正前残高	1,830,420	期末残高	1,840,420
②現　　金	10,000		
	1,840,420		1,840,420

支払利息

修正前残高	53,000	期末残高	80,000
⑤当座預金	27,000		
	80,000		80,000

(3) 財務諸表（単位：円）

貸借対照表

現　　　　金	311,950	借　入　金	7,000,000
当　座　預　金	709,400	未　払　金	1,500,000
建　　　　物	2,500,000	資　本　金	5,000,000
車両運搬具	4,670,300	繰越利益剰余金	1,497,750
土　　　　地	6,806,100		
	14,997,750		14,997,750

損益計算書

給　与　手　当	4,500,000	運　送　収　益	7,900,000
燃　料　費	1,840,420	受　取　利　息	18,170
支　払　利　息	80,000		
当　期　純　利　益	1,497,750		
	7,918,170		7,918,170

【練習問題４－１】

(1)	(借)現　　　　　金	3,600	(貸)現 金 過 不 足	3,600
(2)	(借)現 金 過 不 足	3,600	(貸)支 払 利 息	3,600
(3)	(借)現　　　　　金	10,000	(貸)運 送 収 益	10,000
(4)	(借)建　　　　　物	1,000,000	(貸)当 座 預 金	800,000
			当 座 借 越	200,000
(5)	(借)仕　　　　　入	459,000	(貸)買 　掛　 金	450,000
			現　　　　金	9,000
(6)	(借)買　 掛　 金	15,300	(貸)仕　　　　入	15,300
(7)	(借)売 　掛 　金	100,000	(貸)売　　　　上	100,000
(8)	(借)貸 倒 損 失	100,000	(貸)売 　掛 　金	100,000
(9)	(借)買　 掛 　金	2,000,000	(貸)支 払 手 形	2,000,000
(10)	(借)買 　掛 　金	360,000	(貸)受 取 手 形	360,000
(11)	(借)買 　掛 　金	720,000	(貸)売 　掛 　金	720,000
(12)	(借)当 座 預 金	1,985,000	(貸)受 取 手 形	2,000,000
	手 形 売 却 損	15,000		
(13)	(借)不 渡 手 形	1,010,800	(貸)当 座 預 金	1,010,800
(14)	(借)未 　収 　金	5,000,000	(貸)土　　　　地	3,000,000
			固定資産売却益	2,000,000
(15)	(借)有 価 証 券	1,530,000	(貸)当 座 預 金	1,530,000
(16)	(借)当 座 預 金	780,000	(貸)有 価 証 券	510,000
			有価証券売却益	270,000
(17)	(借)有 価 証 券	9,800,000	(貸)当 座 預 金	9,923,000
	有 価 証 券 利 息	123,000		
(18)	(借)当 座 預 金	10,086,000	(貸)有 価 証 券	9,800,000
			有価証券売却益	100,000
			有価証券利息	186,000
(19)	(借)機 械 装 置	5,080,000	(貸)未 　払　 金	5,080,000
(20)	(借)建　　　　　物	8,000,000	(貸)建 設 仮 勘 定	8,000,000

練習問題解答

【練習問題 4 － 2】

貸借対照表

現　　　　　　　金	582,300	支　払　手　形　　2,000,000
当　座　預　金	1,562,700	買　　掛　　金　　1,044,600
受　取　手　形	3,000,000	借　　入　　金　　5,000,000
売　　掛　　金	1,805,600	未　　払　　金　　1,660,000
建　　　　　物	5,789,000	資　　本　　金　20,000,000
車　両　運　搬　具	3,650,800	繰越利益剰余金　　1,685,800
土　　　　　地	15,000,000	
	31,390,400	31,390,400

損益計算書

給　与　手　当	1,840,300	運　送　収　益　　5,035,000
通　　信　　費	421,600	受　取　利　息　　　　68,300
燃　　料　　費	1,065,400	固定資産売却益　　1,106,000
支　払　家　賃	360,000	
消　耗　品　費	153,500	
水　道　光　熱　費	459,100	
支　払　利　息	223,600	
当　期　純　利　益	1,685,800	
	6,209,300	6,209,300

【練習問題 5】

(1)	(借)仕　　　　　　　入	100,000	(貸)繰　越　商　品	100,000
	(借)繰　越　商　品	150,000	(貸)仕　　　　　　　入	150,000
(2)	(借)有価証券評価損	50,000	(貸)有　価　証　券	50,000
(3)	(借)貸倒引当金繰入	100,000	(貸)貸　倒　引　当　金	100,000
(4)	(借)減　価　償　却　費	180,000	(貸)建　　　　　　　物	180,000
(5)	(借)前　払　費　用	80,000	(貸)支　払　保　険　料	80,000
(6)	(借)支　払　利　息	500,000	(貸)未　払　費　用	500,000

〈総合問題解答〉

決算整理仕訳

(単位:円)

#	借方 科目	金額	貸方 科目	金額
①	貸倒引当金繰入	7,000	貸倒引当金	7,000
②	有価証券評価損	20,000	有価証券	20,000
③	仕入	200,000	繰越商品	200,000
	繰越商品	240,000	仕入	240,000
④	減価償却費	40,000	減価償却累計額	40,000
⑤	前払地代	135,000	支払地代	135,000
⑥	前払保険料	30,000	支払保険料	30,000
⑦	支払利息	12,000	未払利息	12,000

精算表

(単位:円)

勘定科目	決算整理前試算表 借方	決算整理前試算表 貸方	決算整理仕訳 借方	決算整理仕訳 貸方	損益計算書 借方	損益計算書 貸方	貸借対照表 借方	貸借対照表 貸方
現　　　　　　金	214,000						214,000	
売　　掛　　金	500,000						500,000	
有　価　証　券	350,000			② 20,000			330,000	
繰　越　商　品	200,000		③ 240,000	③ 200,000			240,000	
建　　　　　　物	1,000,000						1,000,000	
買　　掛　　金		484,000						484,000
借　　入　　金		500,000						500,000
貸 倒 引 当 金		3,000		① 7,000				10,000
減価償却累計額		450,000		④ 40,000				490,000
資　　本　　金		800,000						800,000
売　　　　　　上		2,350,000				2,350,000		
受 取 配 当 金		25,000				25,000		
仕　　　　　　入	1,420,000		③ 200,000	③ 240,000	1,380,000			
給　料　手　当	485,000				485,000			
支　払　地　代	315,000			⑤ 135,000	180,000			
支　払　保　険　料	90,000			⑥ 30,000	60,000			
支　払　利　息	38,000		⑦ 12,000		50,000			
	4,612,000	4,612,000						
貸倒引当金繰入			① 7,000		7,000			
有価証券評価損			② 20,000		20,000			
減 価 償 却 費			④ 40,000		40,000			
(前 払) 地 代			⑤ 135,000				135,000	
(前 払) 保険料			⑥ 30,000				30,000	
(未 払) 利 息				⑦ 12,000				12,000
			684,000	684,000	2,222,000	2,375,000	2,449,000	2,296,000
当期（純利益）					153,000			153,000
					2,375,000	2,375,000	2,449,000	2,449,000

総合問題解答

著者略歴

坪谷　敏郎

　　昭和50年　明治大学商学部卒業
　　公認会計士
　〈著書〉　決算事務ハンドブック（中央経済社　共著）
　　　　　財務分析基礎講座（日本証券業協会　共著）
　　　　　身近な税金知識（産能大学）
　　　　　基礎から学ぶ財務知識（経済法令研究会）
　　　　　これだけは押さえたい簿記の仕組み（産能大学）
　　　　　これだけは押さえたい財務諸表の基本の基本（産能大学）
　　　　　はじめの一歩でつまずかない！　超入門　ゼロから「財務」（経済法令研究会）
　　　　　　　　　　　　　　　　　　　　　　　　　　　　　　　　ほか

簿記入門　―決算書を読むための基礎知識―

2008年11月5日	初版第1刷発行	著　　者　　坪谷　敏郎
2022年11月30日	初版第5刷発行	発行者　　志茂　満仁
		発行所　　㈱経済法令研究会

　　　　　　　　　　　　　　〒162-8421　東京都新宿区市谷本村町3-21
〈検印省略〉　　　　　　　　電話 03-3267-4811㈹　制作 03-3267-4897

営業所／東京03(3267)4812　大阪06(6261)2911　名古屋052(332)3511　福岡092(411)0805

制作／経法ビジネス出版㈱　小野　忍　表紙デザイン／日本ハイコム㈱
印刷／日本ハイコム㈱　製本／㈱ブックアート

Ⓒ Toshio Tsuboya 2008　Printed in Japan　　　　　　　ISBN978-4-7668-4137-4

☆　本書の内容等に関する追加情報および訂正等について　☆
本書の内容等につき発行後に追加情報のお知らせおよび誤記の訂正等の必要が生じた場合には、当社ホームページに掲載いたします。
　　　　　（ホームページ　書籍・DVD・定期刊行誌　メニュー下部の　追補・正誤表 ）

定価はカバーに表示してあります。無断複製・転用等を禁じます。落丁・乱丁本はお取替えします。